《云南少数民族古籍珍本集成》编纂委员会

云南少数民族古籍珍本集成

云南省少数民族古籍整理出版规划办公室◎编

第五十六卷 纳西族

云南出版集团公司
雲南人民出版社

云南省百项少数民族文化精品工程项目
民族文字出版专项资金资助项目

前言

云南是一个多民族的边疆省份，全省25个少数民族在长期的历史发展进程中创造了丰富多彩的民族历史文化，留下了卷帙浩繁的民族文字文献古籍和口传古籍，这些少数民族古籍是各民族先民创造的重要文明成果，是中华文明一脉相承的历史见证，也是人类文明的瑰宝。据统计，云南少数民族文字文献古籍蕴藏量达10万余册（卷），口传古籍4万余种，大多数至今仍散藏于民间，损毁日益严重。

云南少数民族古籍以种类繁多、历史悠久、载体多样而独具特色，是云南不可再生的珍贵文化遗产，也是亟待抢救保护和开发利用的重要文化资源。2003年，纳西东巴古籍文献入选《世界记忆遗产名录》，云南少数民族古籍的人类文化遗产价值得到联合国教科文组织世界遗产委员会的肯定。

为抢救保护这宗珍贵的世界文化遗产，我们计划用5年左右时间编纂出版《云南少数民族古籍珍本集成》100卷，结集出版一批云南少数民族古籍中的孤本、善本和珍本，并用彩色影印的方式真实再现古籍原貌，以丰富和繁荣民族文化事业。

云南省少数民族古籍整理出版规划办公室

《云南少数民族古籍珍本集成》编纂委员会

2012年9月16日

目录

禳垛鬼仪式·开坛经

纳西族东巴教禳垛鬼仪式典籍。流传于云南省丽江市纳西族地区。不分卷，1册，佚名撰。禳垛鬼仪式开始时诵读的第一本经书，简述了仪式的整个过程、举行仪式的必要性、目的性和规程，并详述了祭祀的主人家开始吟诵《开坛经》的情况。旧抄本，本色构皮纸，线订册叶装，墨书。页面高9厘米，广29厘米。保存基本完好。今藏丽江玉龙纳西族自治县图书馆。

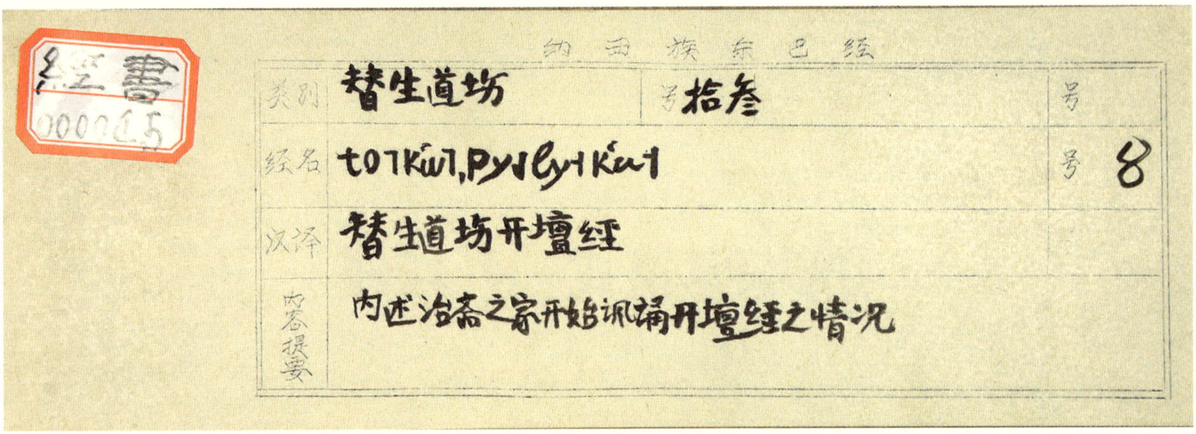
經書
纳西族东巴经
类别 替生道场
号 拾叁
号
经名 to˥kʻɯ˩, py˩ly˧kʻɯ˧
号 8
汉译 替生道场开壇经
内容提要 内述治斋之家开始讽诵开壇经之情况

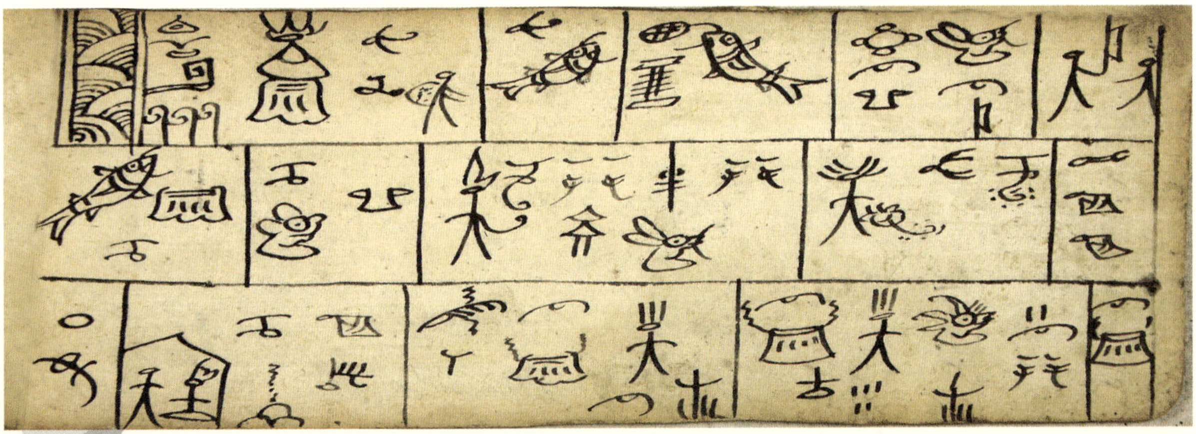

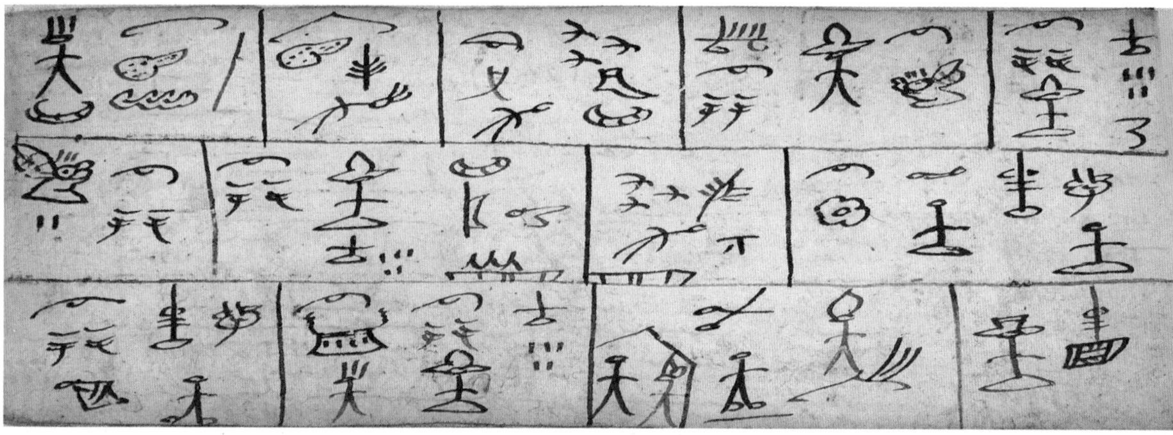

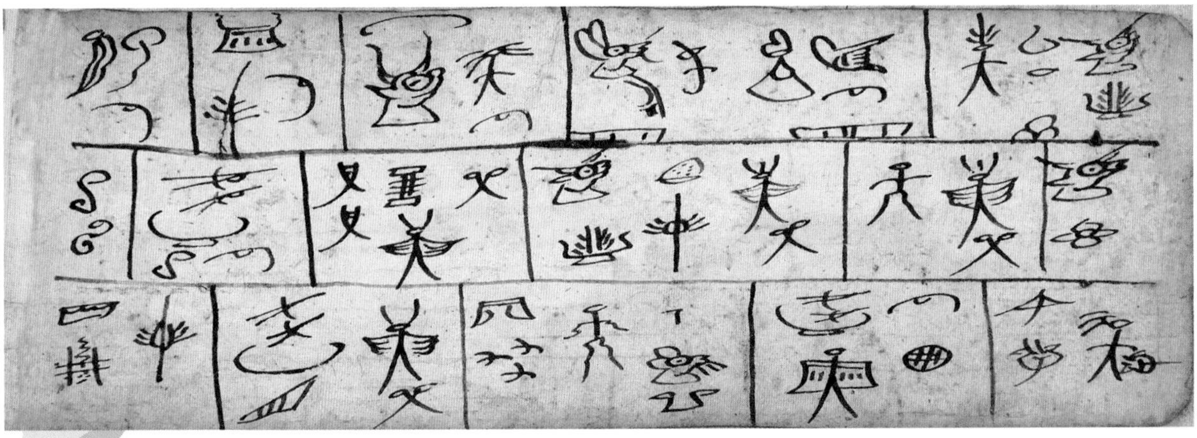

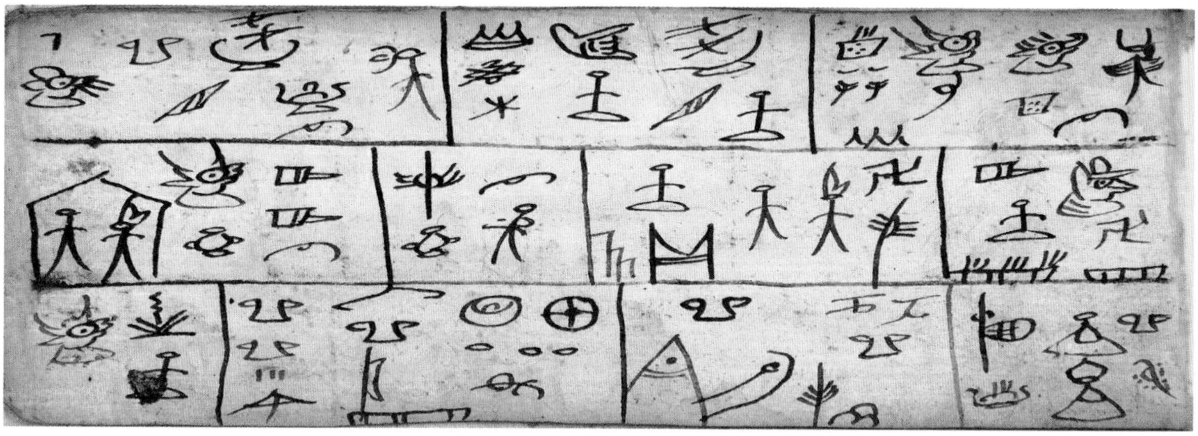

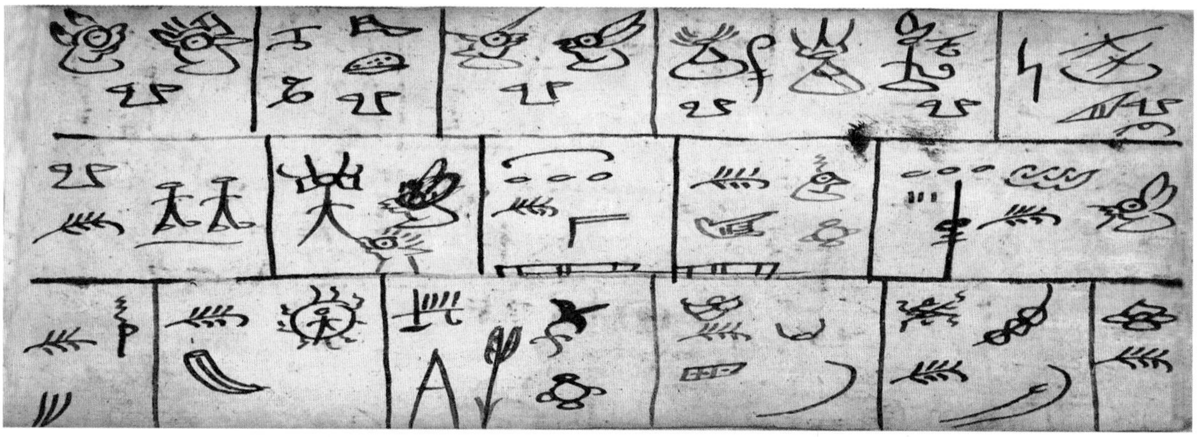

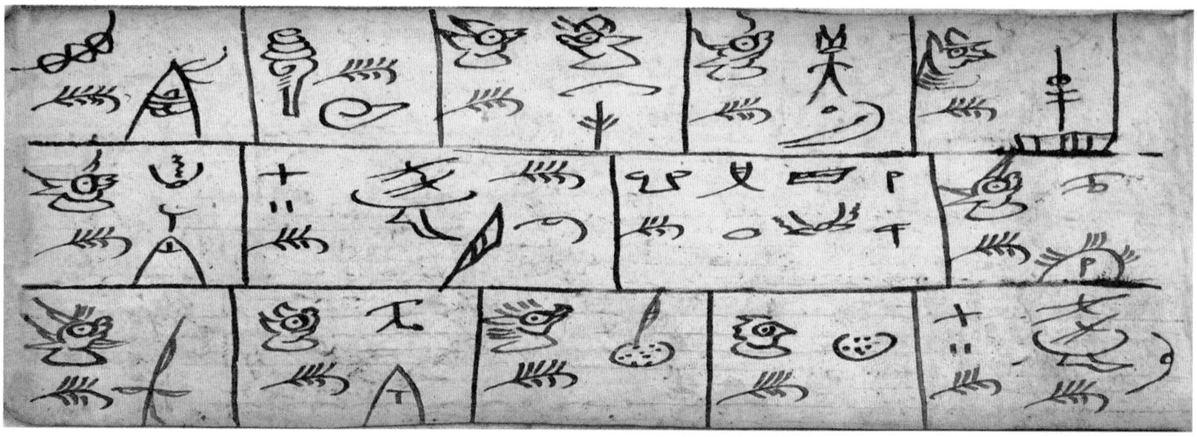

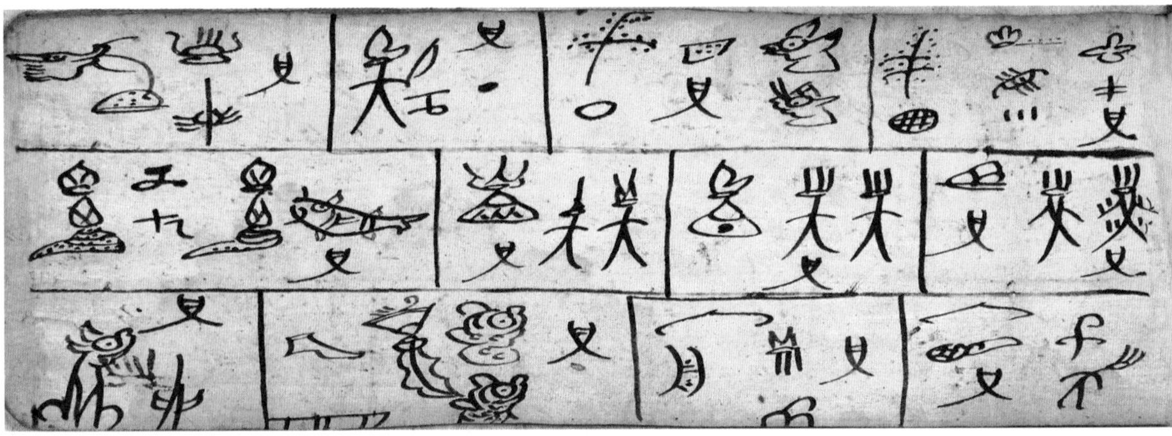

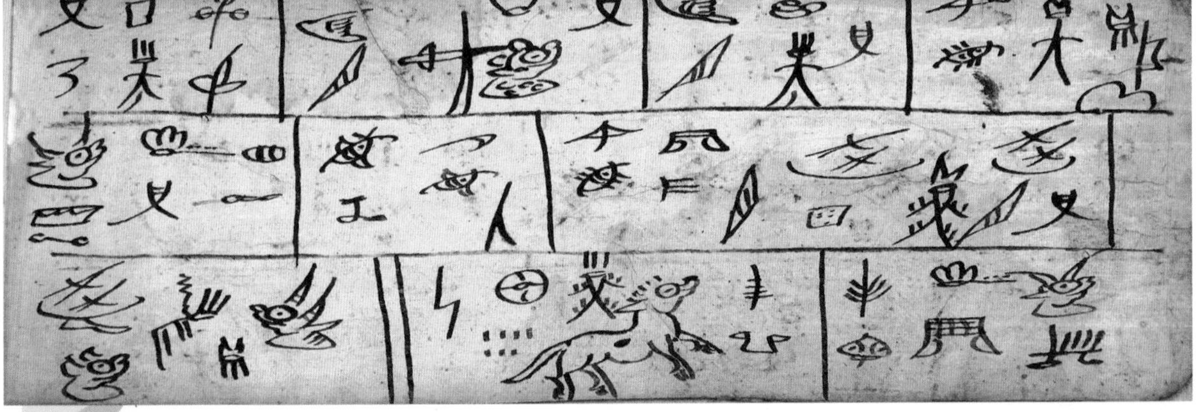

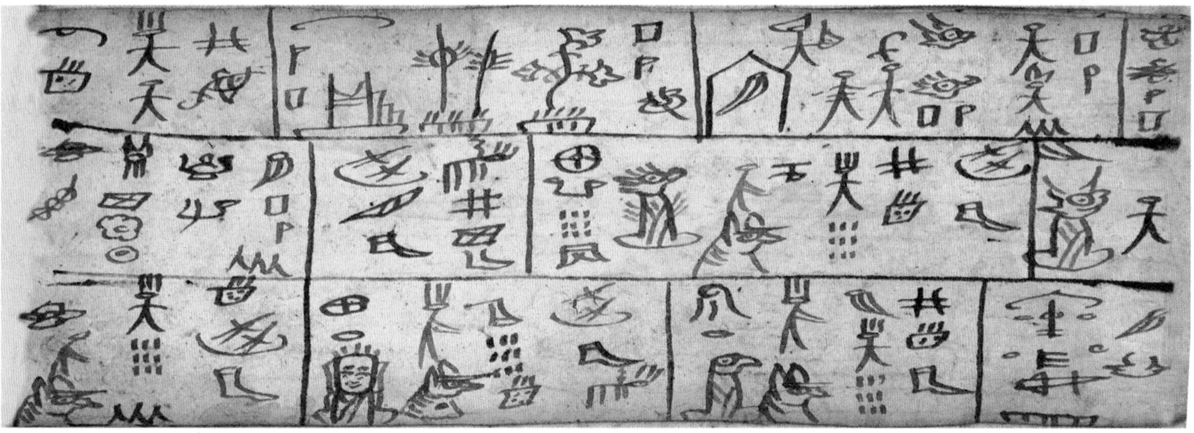

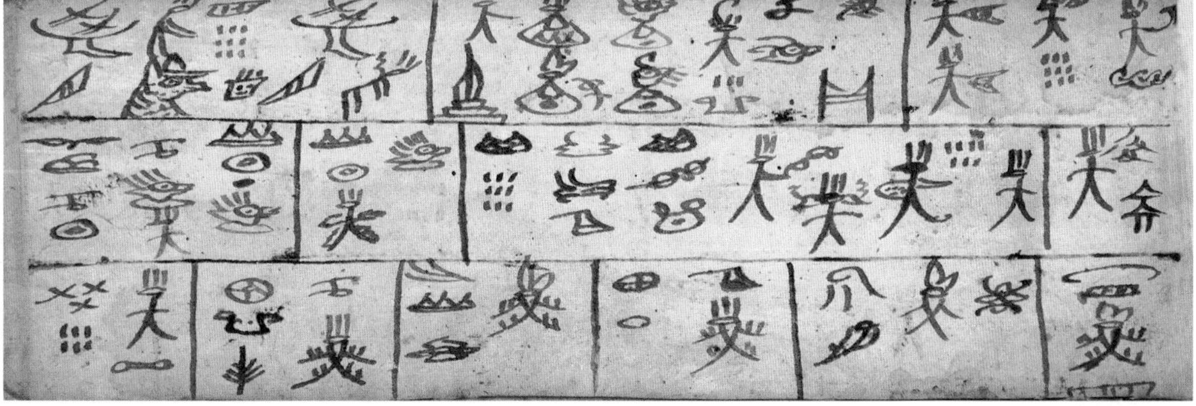

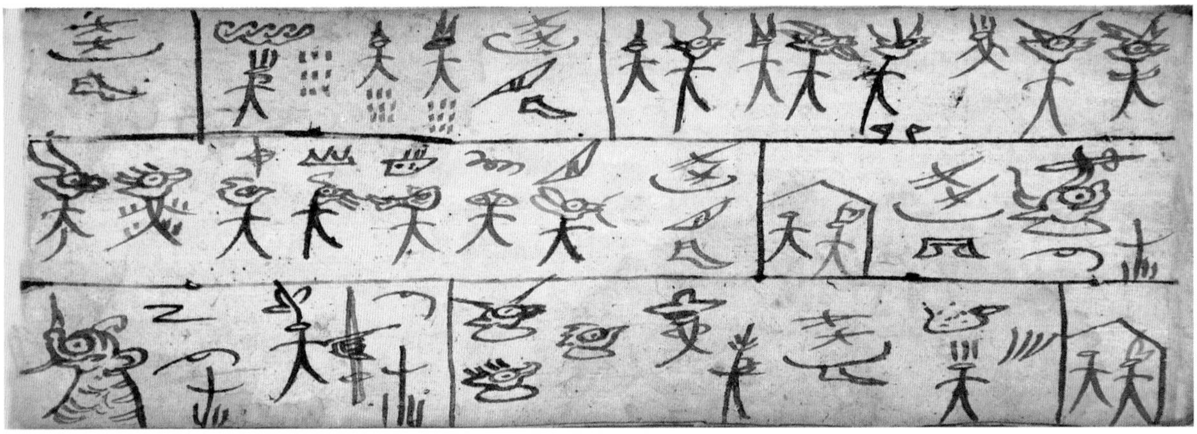

禳垛鬼仪式·迎请大神

纳西族东巴教禳垛鬼仪式典籍。流传于云南省丽江市纳西族地区。不分卷，1册，佚名撰。主要叙述祭祀的主人家择吉日，准备各种祭品，逐一为祭品除秽，迎请诸位大神降临祭坛，镇压垛鬼、铎鬼，然后烧天香送大神返回住地。旧抄本，本色构皮纸，线订册叶装，墨书。页面高7.8厘米，广27.5厘米。保存完好，今藏丽江玉龙纳西族自治县图书馆。

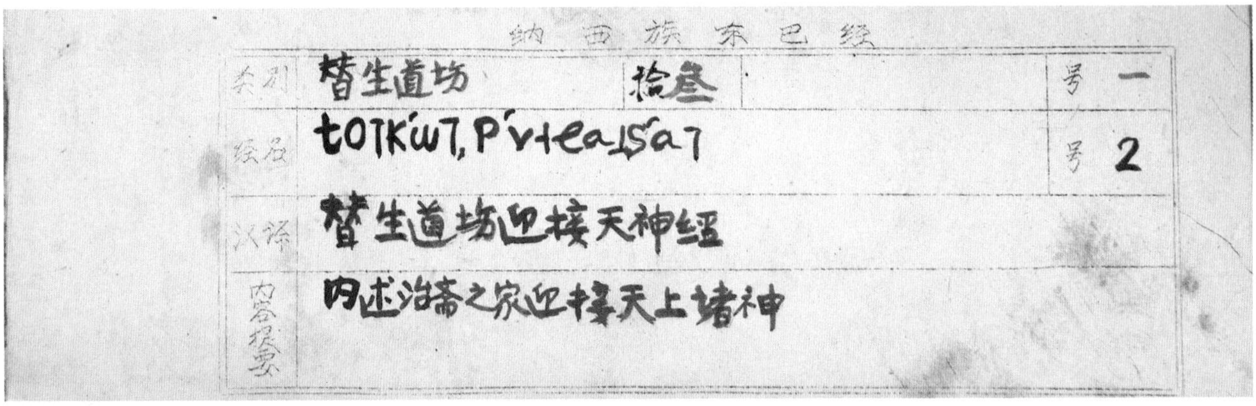

纳西族东巴经

类别	替生道场	拾叁		号	一
经名	tOTKʻWT, Pʻv+tealsaT			号	2
汉译	替生道场迎接天神经				
内容提要	内述治斋之家迎接天上诸神				

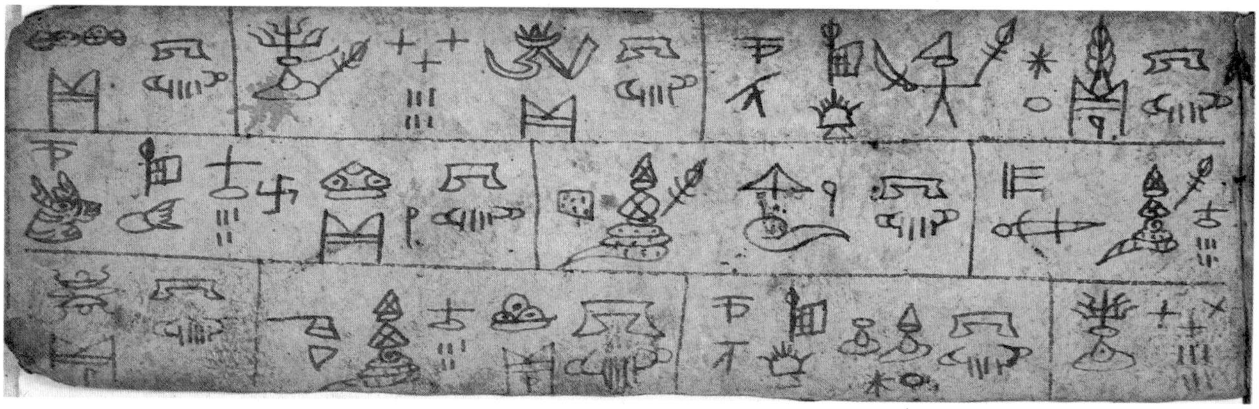

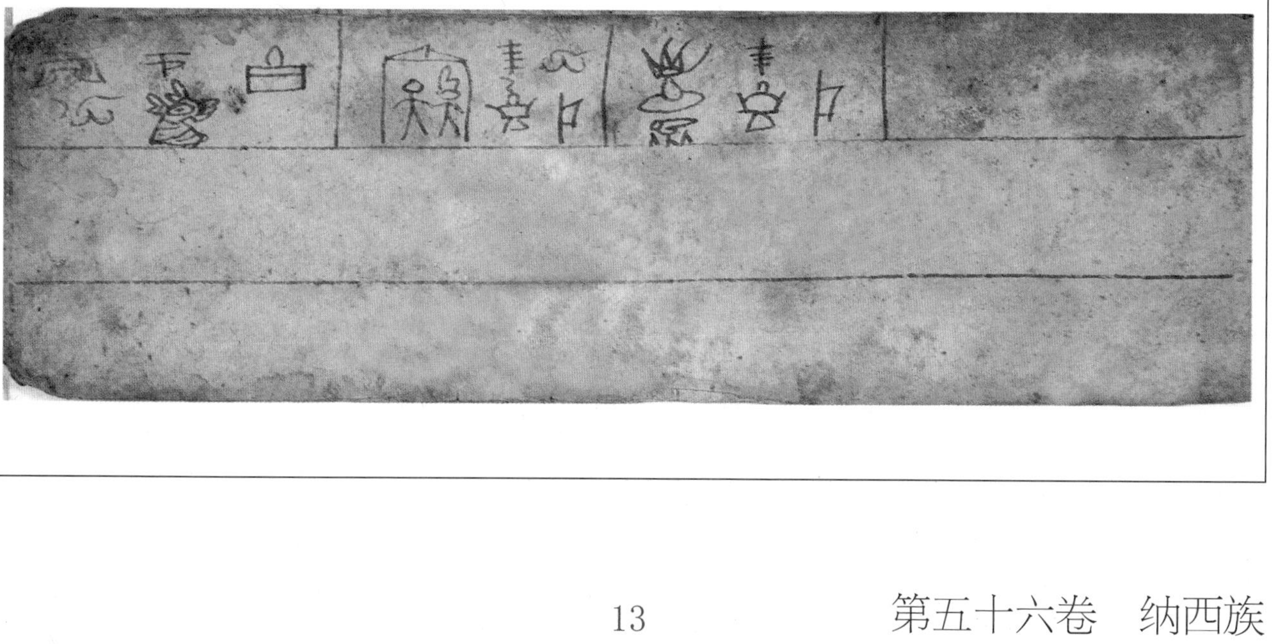

禳垛鬼仪式·崇仁潘迪找药·放替身

纳西族东巴教禳垛鬼仪式典籍。流传于云南省丽江市纳西族地区。不分卷，1册，佚名撰。讲述崇仁潘迪去打猎时，父母在未及留下遗言的情况下亡故，他不能接受这样的现实，便去西方楞启斯普住的地方去寻找能死而复生的药，并施放替身，企图救活父母的故事。旧抄本，本色构皮纸，线订册叶装，墨书。页面高9.5厘米，广28.5厘米。保存完好，今藏丽江玉龙纳西族自治县图书馆。

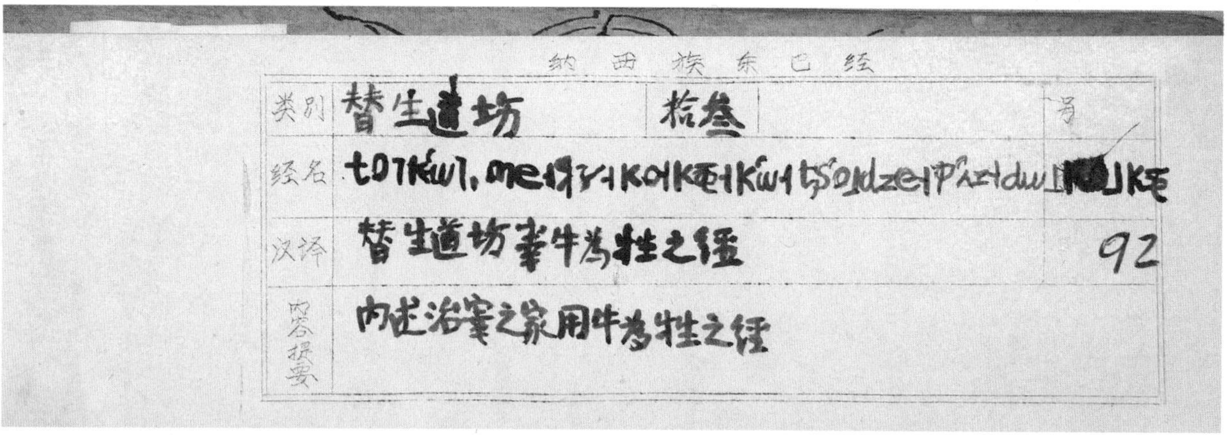
纳西族东巴经

类别	替生道场	拾叁	号
经名	[illegible] [redacted] KE		
汉译	替生道场牽牛為牲之經		92
内容提要	内述治宴之家用牛為牲之經		

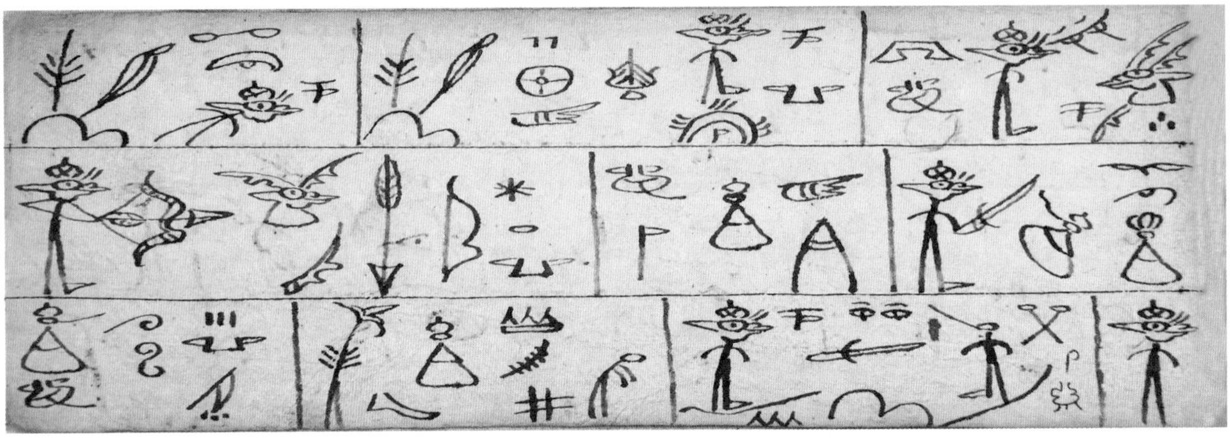

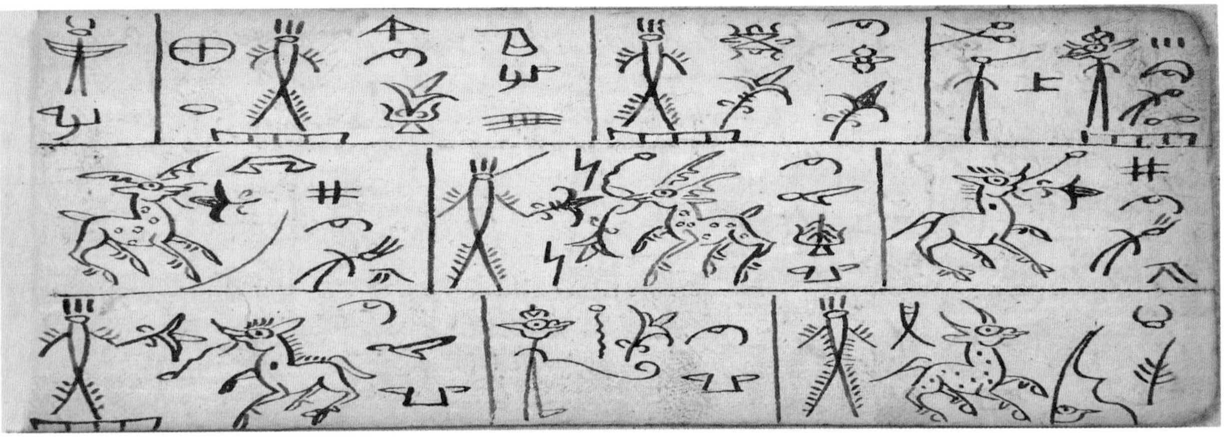

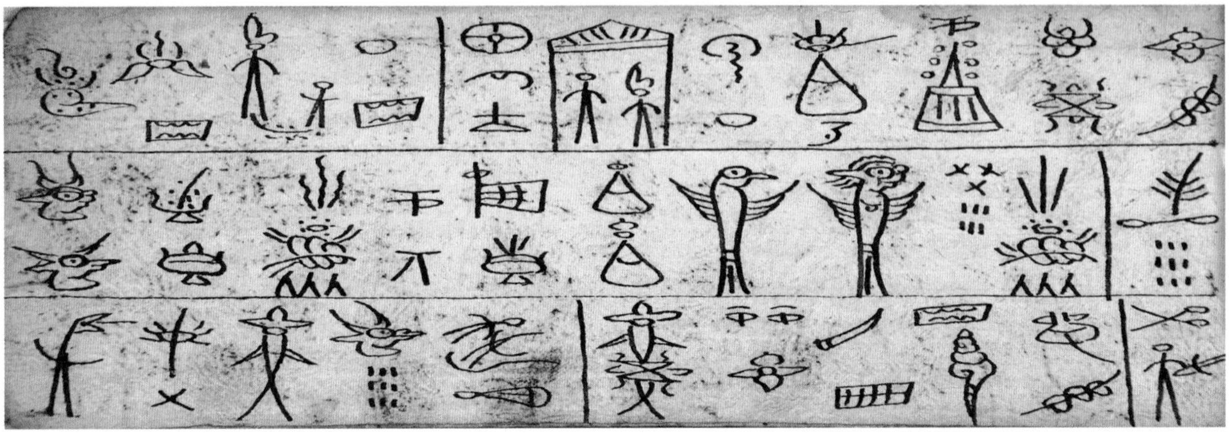

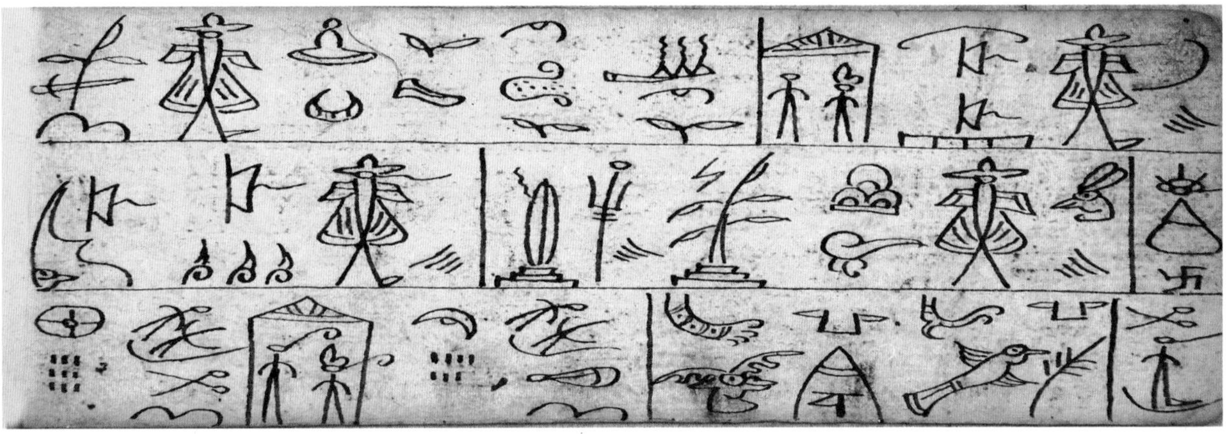

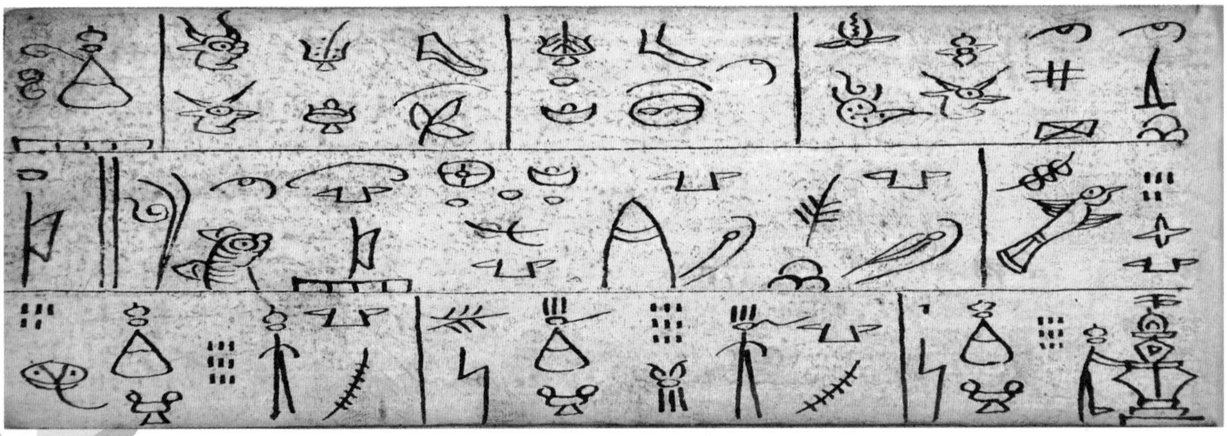

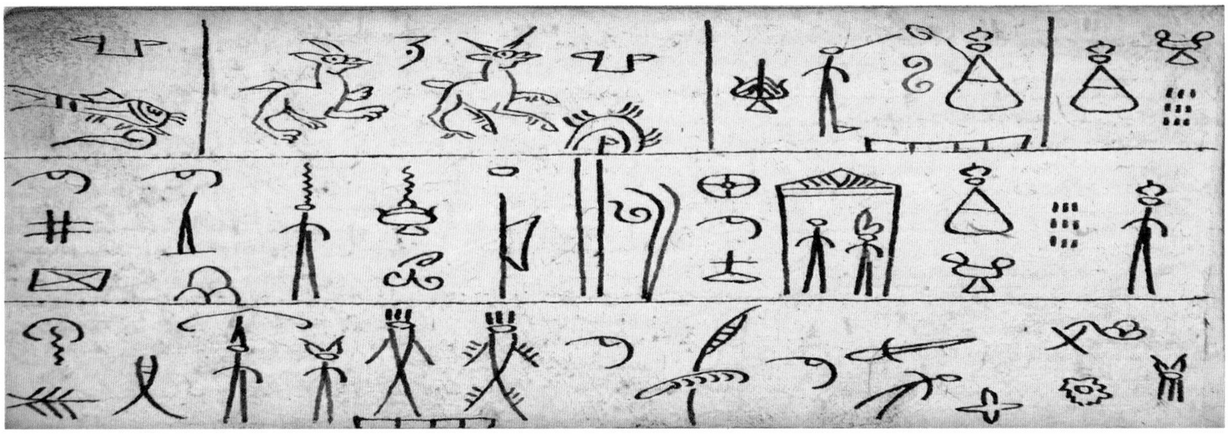

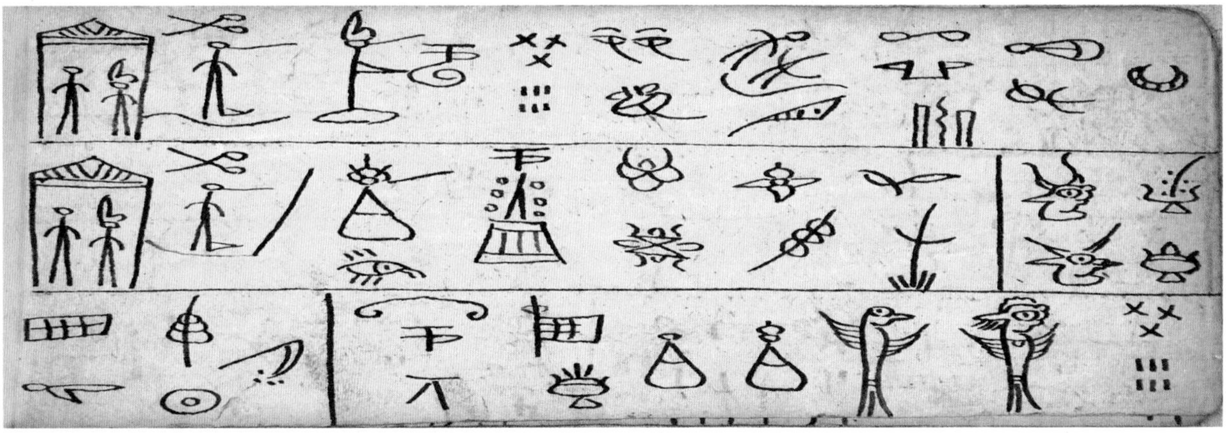

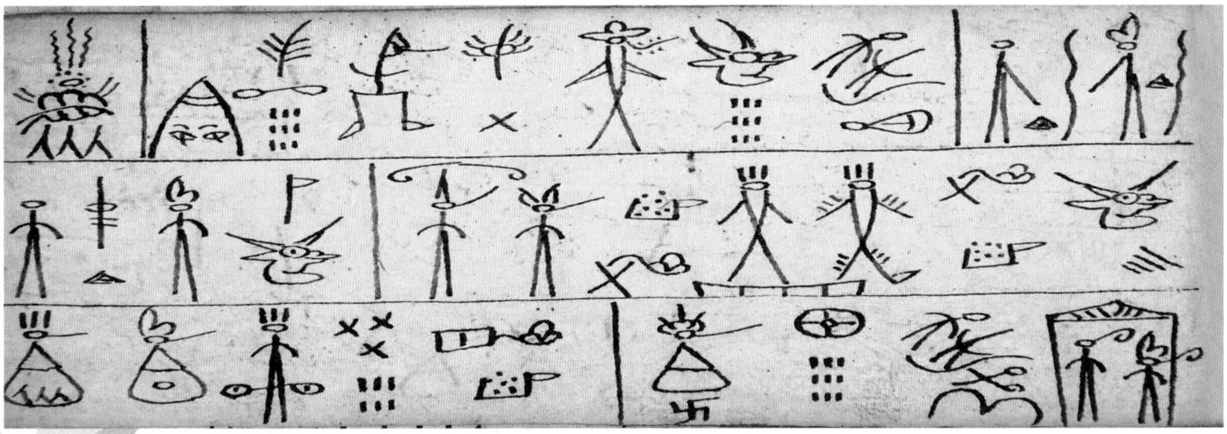

禳垛鬼仪式·超度嘎巴

纳西族东巴教禳垛鬼仪式主要典籍。流传于云南省丽江市纳西族地区。不分卷，1册，佚名撰。讲述超度嘎巴的过程。人遇嘎巴鬼作祟，卜卦不灵，主人做噩梦，庄稼歉收。用嘎纳枝、柳枝捆住嘎巴鬼，放火中烧，余灰放在大门外，算已禳解。旧抄本，本色构皮纸，线订册叶装，墨书。页面高9.5厘米，广28厘米。保存完好。今藏丽江玉龙纳西族自治县图书馆。

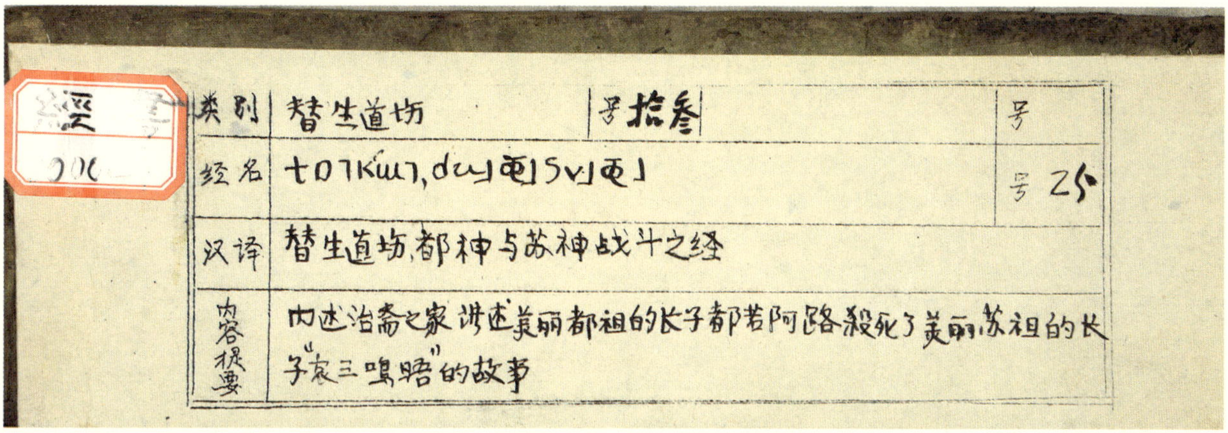

类别	替生道场	号 拾叁	号
经名	ŧo˥k'ɯ˥, dɯ˩电˧sɯ˩电˩		号 25
汉译	替生道场，都神与苏神战斗之经		
内容提要	内述治斋之家，讲述美丽都祖的长子都若阿路杀死了美丽苏祖的长子"衣三嗚晤"的故事		

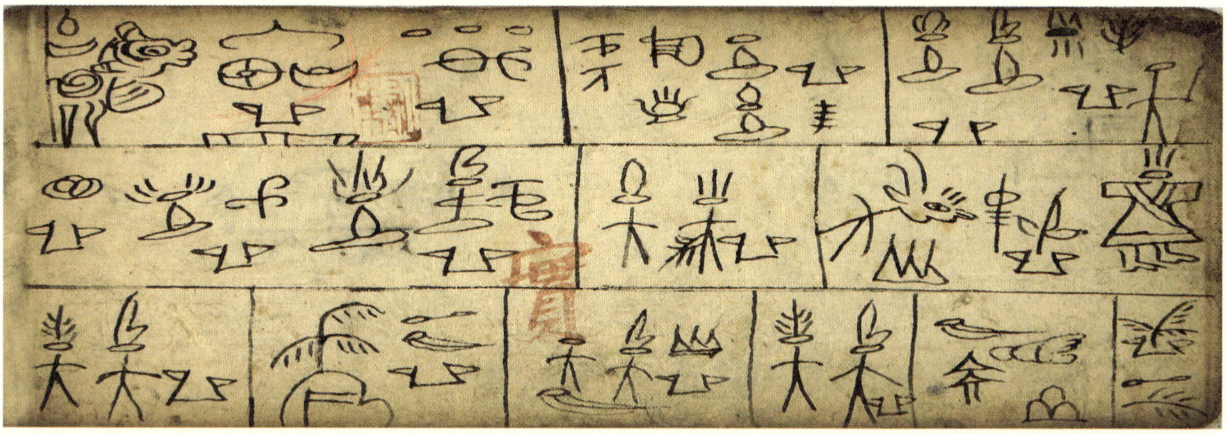

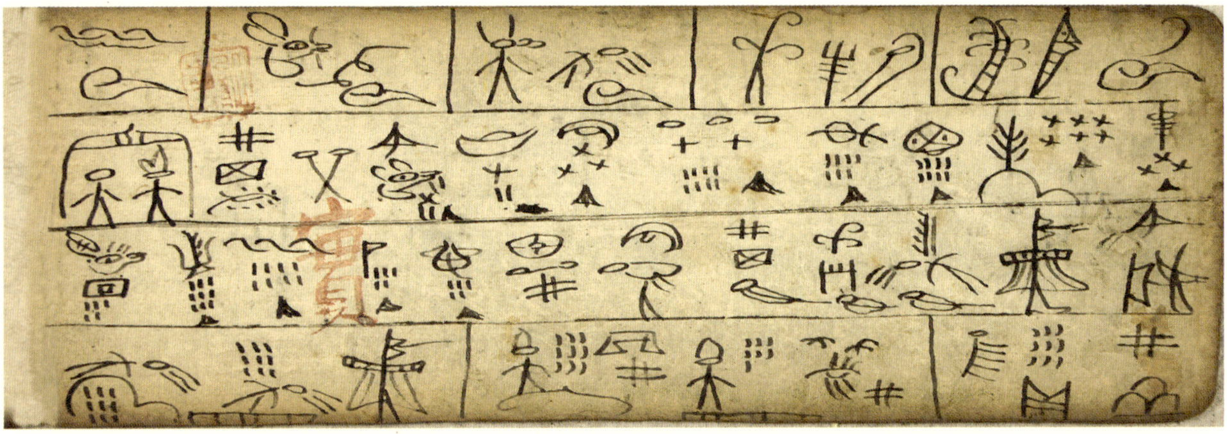

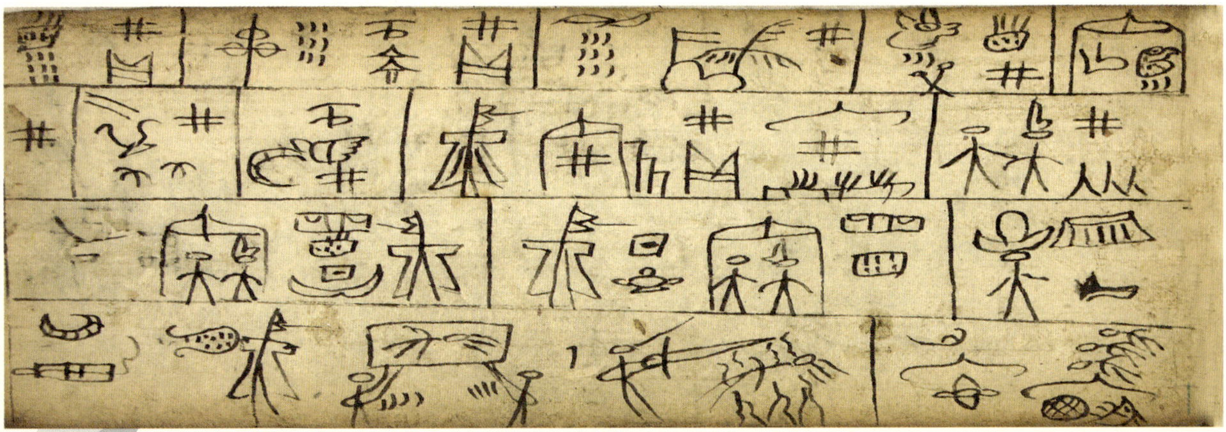

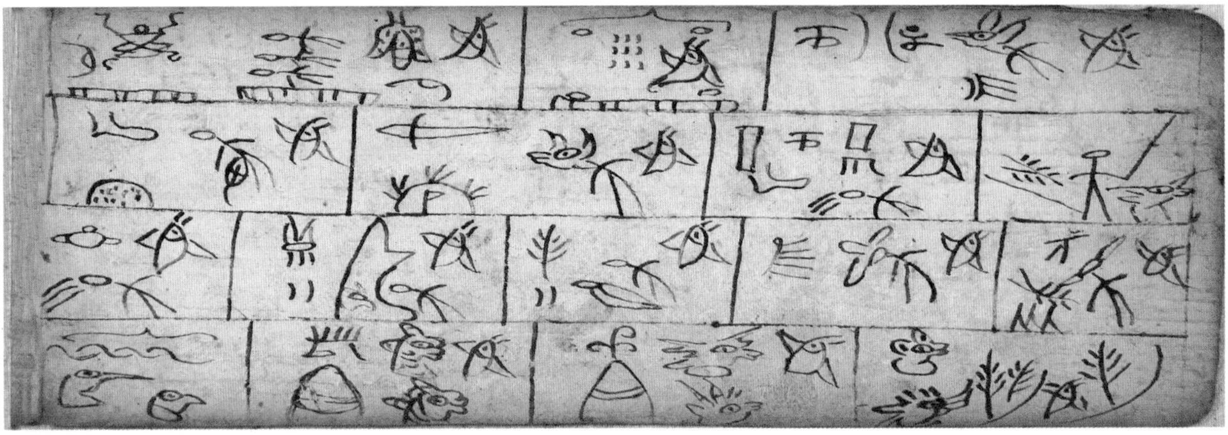

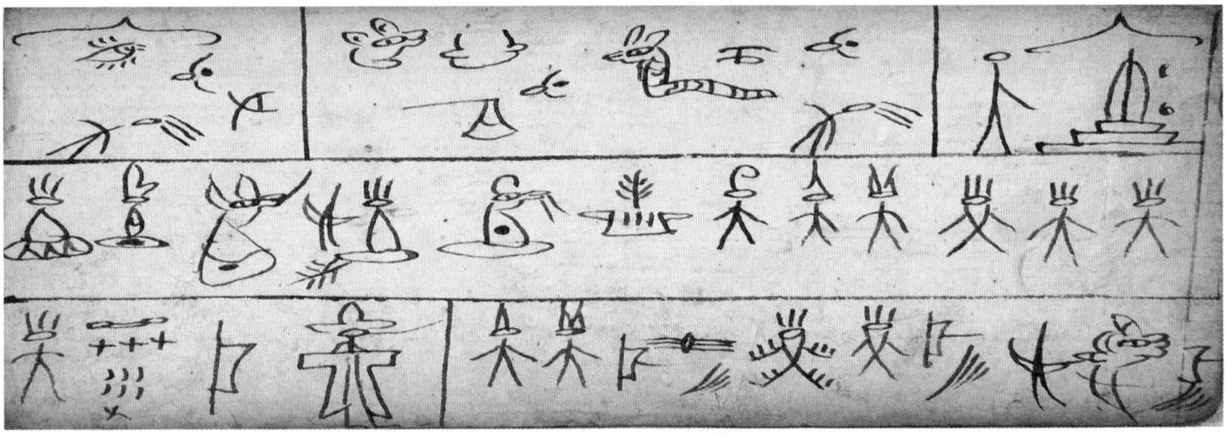

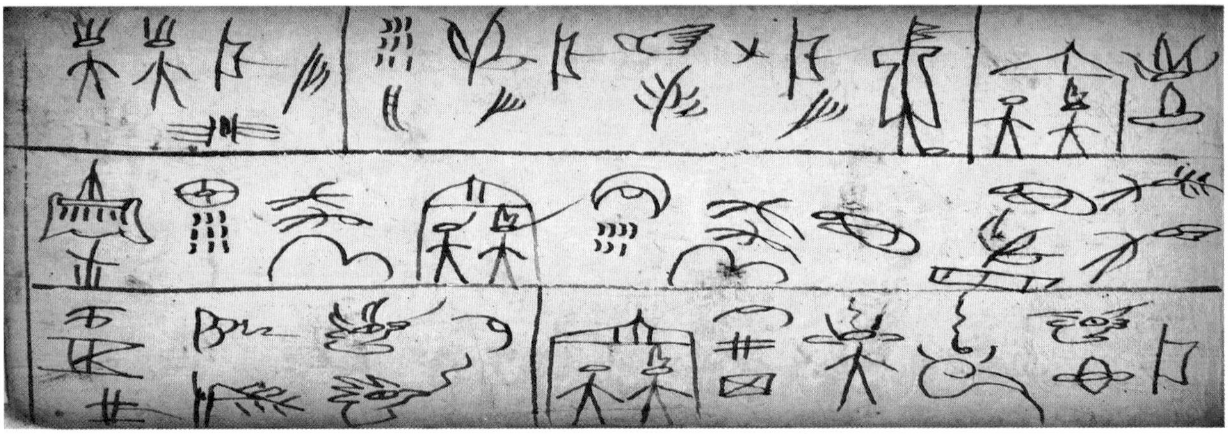

禳垛鬼仪式·白蝙蝠取经记

纳西族东巴教禳垛鬼仪式典籍。流传于云南省丽江市纳西族地区。不分卷，1册，佚名撰。讲述果盘若季和开美命姬生病了，人们不知如何祭祀禳鬼，尝试一切办法祭祀都未见成效，最后决定到十八层天上盘孜沙美女神处求取祭祀占卜经。旧抄本，本色构皮纸，线订册叶装，墨书。页面高9.2厘米，广30厘米。保存完好。今藏丽江玉龙纳西族自治县图书馆。

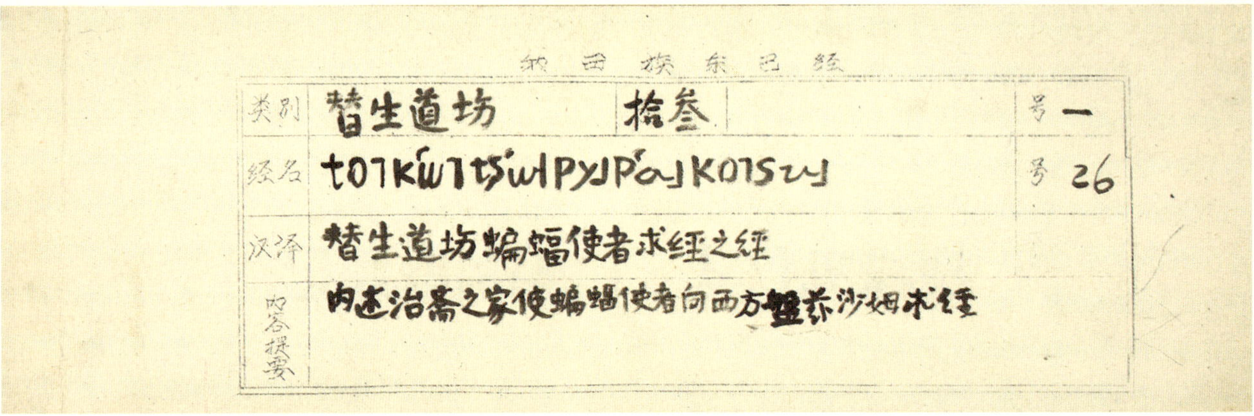

纳西族东巴经

类别	替生道场	拾叁	号	一
经名	tO˥Kʻɯ˥tsʻɯ˦Py˩Pʻɑ˩KO˥Sɯ˩		号	26
汉译	替生道场蝙蝠使者求经之经			
内容提要	内述治斋之家使蝙蝠使者向西方盘孜沙姆求经			

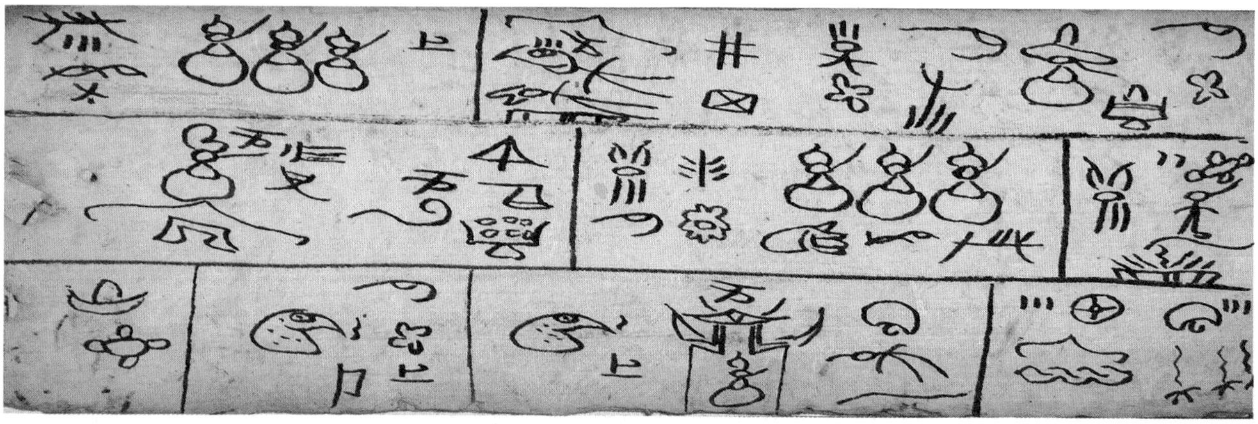

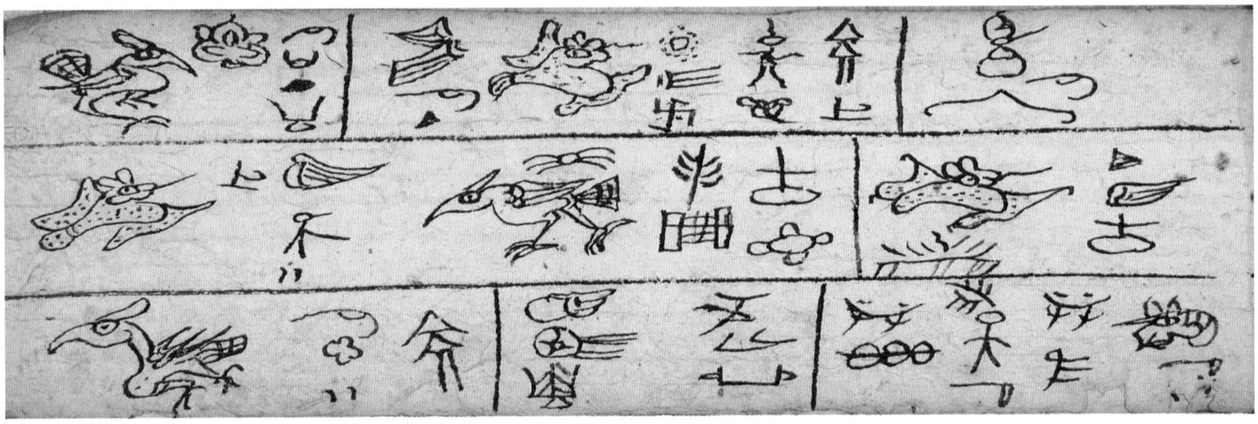

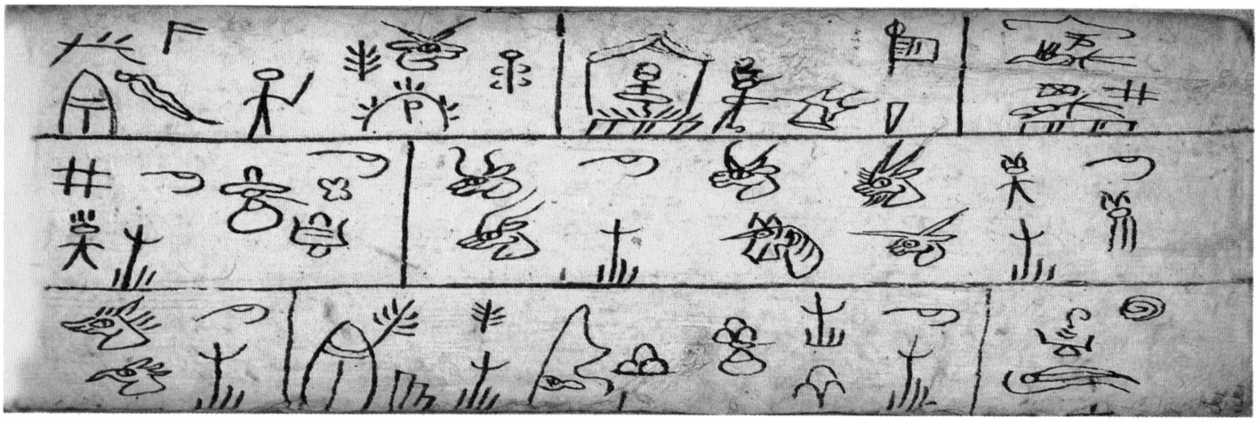

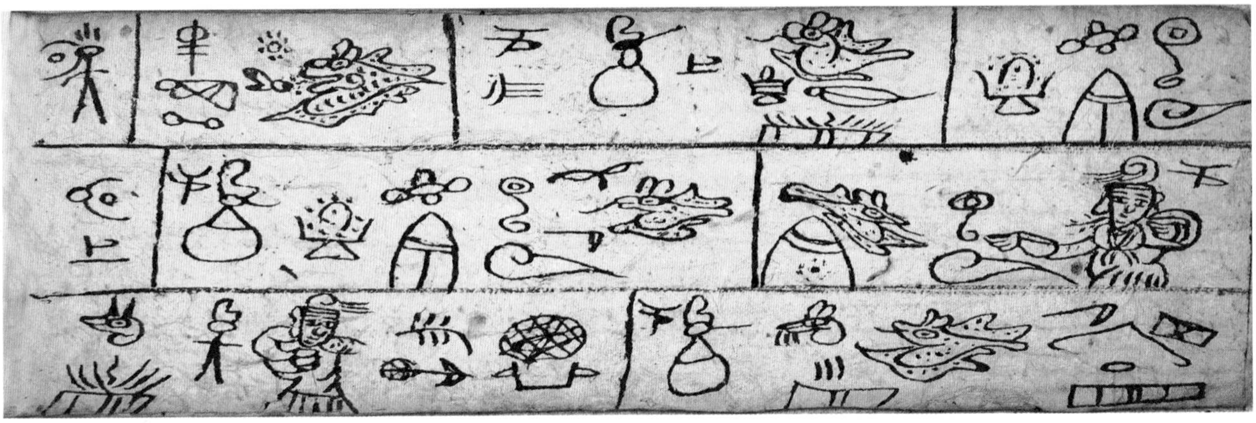

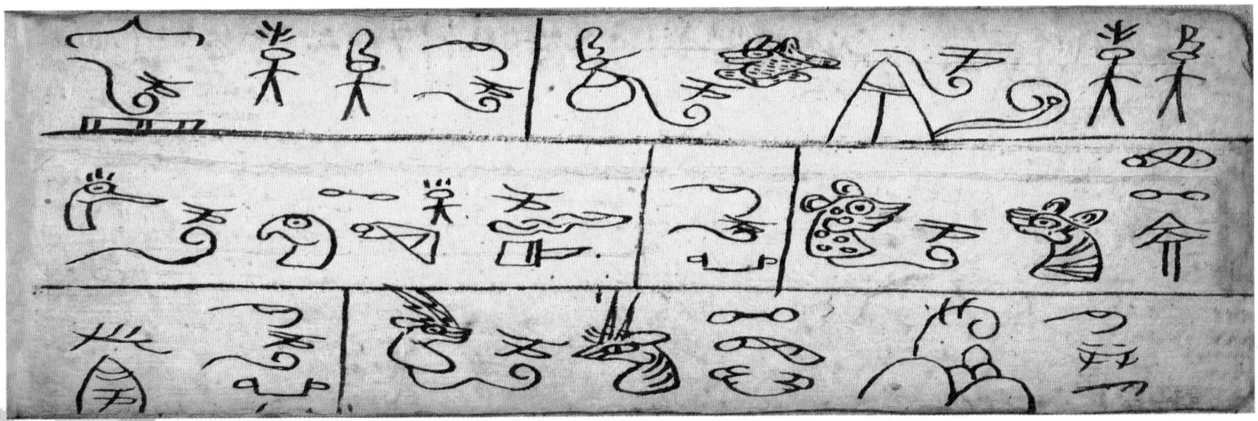

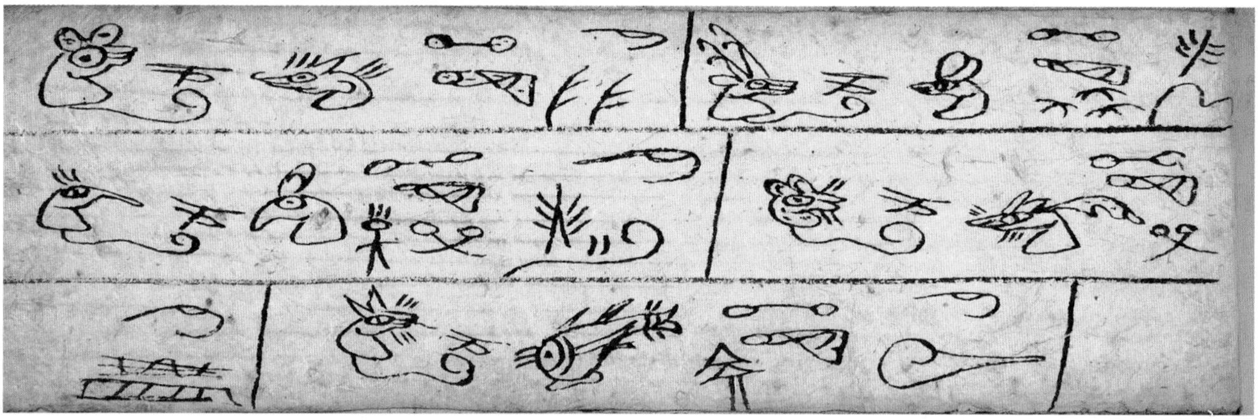

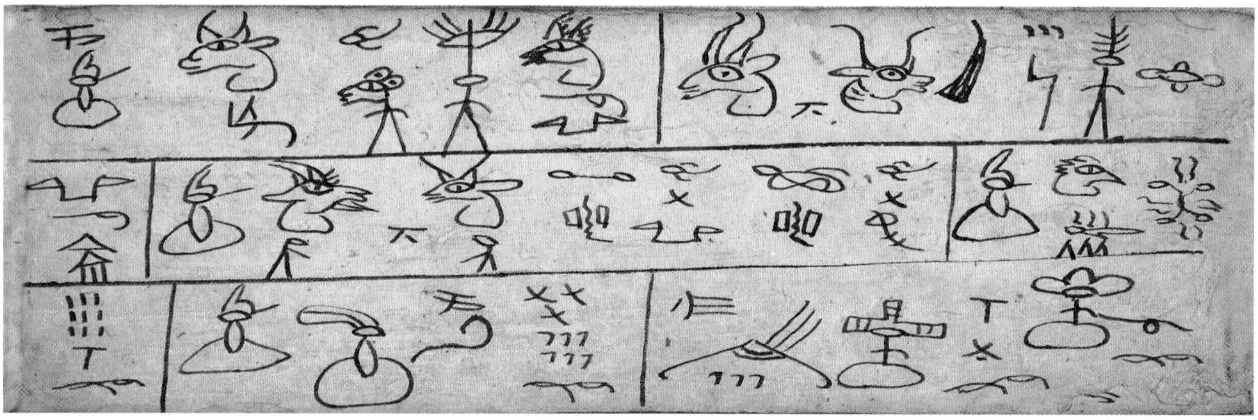

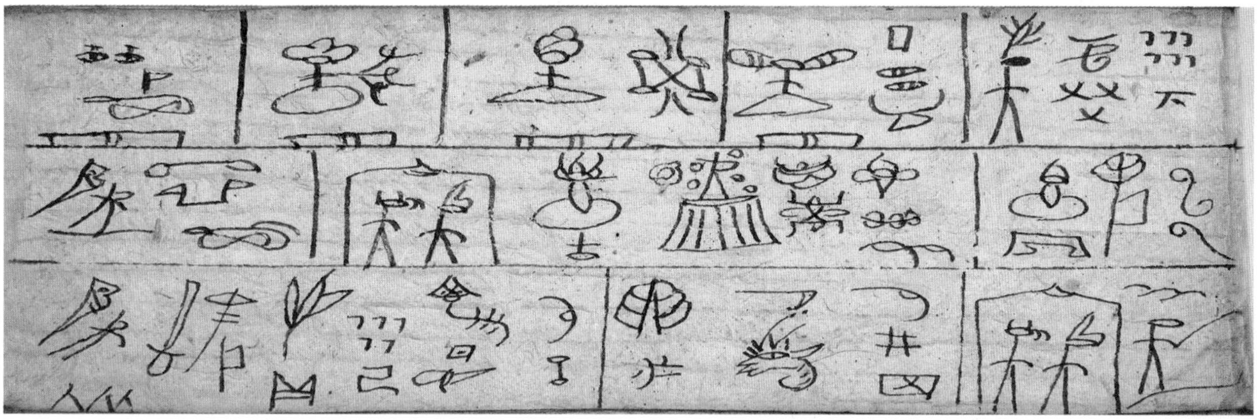

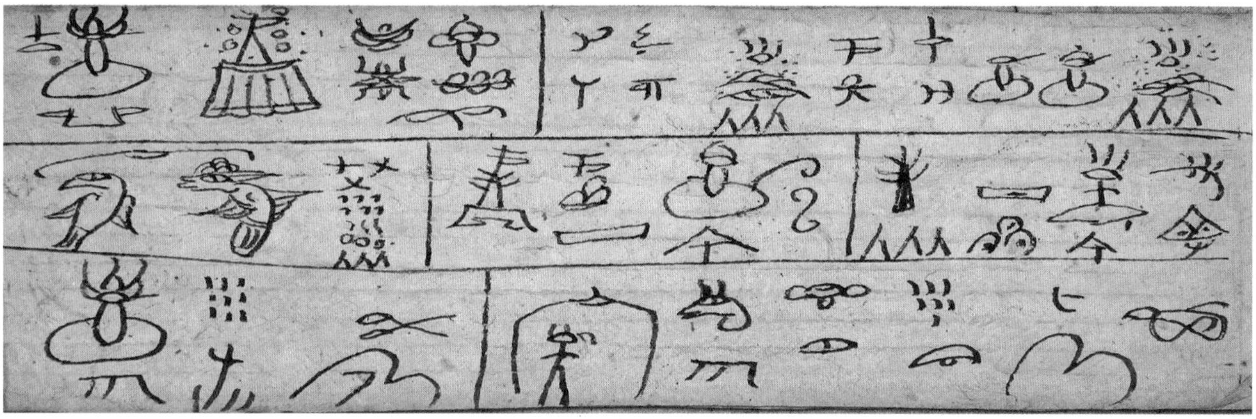

禳垛鬼仪式·白蝙蝠取经记

纳西族东巴教禳垛鬼仪式典籍。流传于云南省丽江市纳西族地区。不分卷，1册，佚名撰。讲述人们派花斑吸风鹰和黑颊麻雀去取经，途中遇到三天三夜的大雪，花斑吸风鹰便捕食了黑颊麻雀，神山上的大神将花斑吸风鹰赶回大地，第一次取经失败的故事。旧抄本，本色构皮纸，线订册叶装，墨书，封面有彩色装饰。页面高8.8厘米，广29厘米。保存完好。今藏丽江玉龙纳西族自治县图书馆。

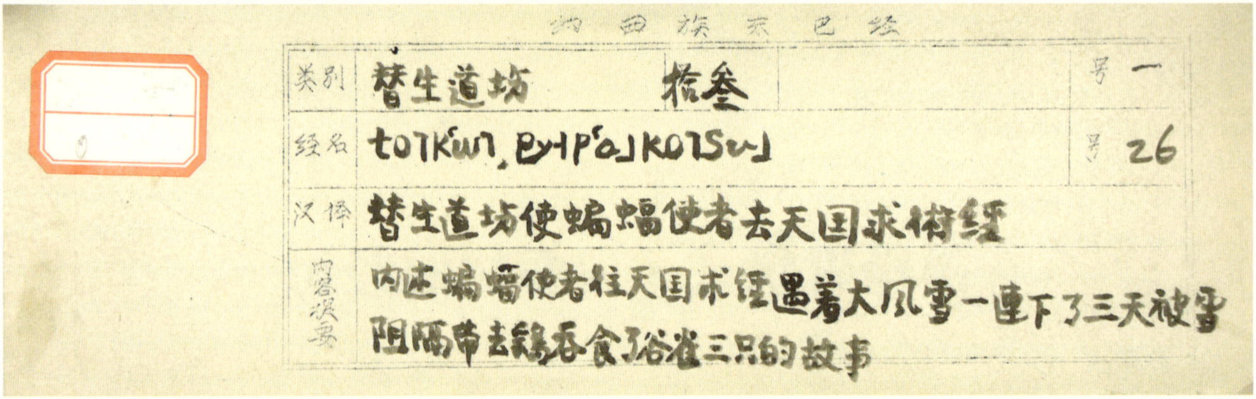
纳西族东巴经

类别	替生道场　　拾叁	号	一
经名	to˥kʻɯ˥, by˧pʻo˩ko˥sɯ˩	号	26
汉译	替生道场使蝙蝠使者去天国求術經		
内容提要	内述蝙蝠使者往天国求經遇着大风雪一連下了三天被雪阻隔带去鷂吞食了谷雀三只的故事		

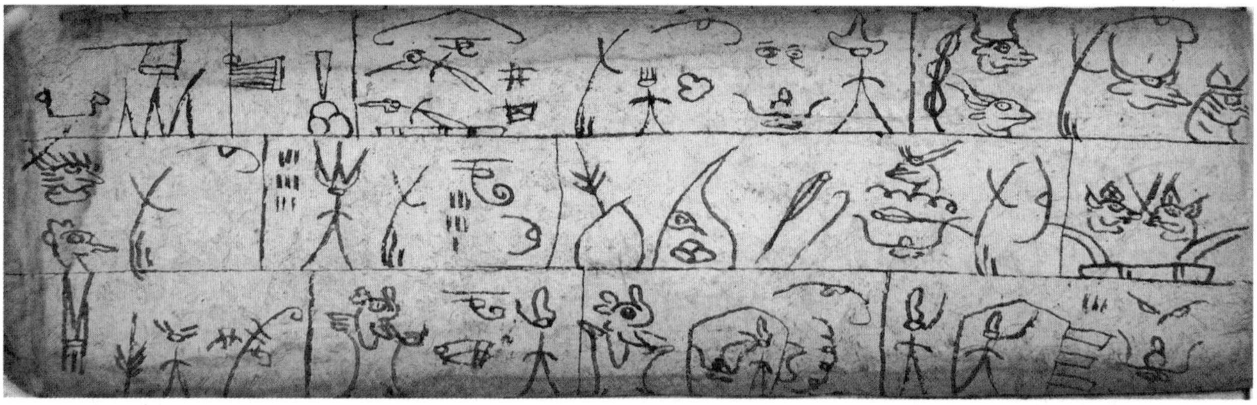

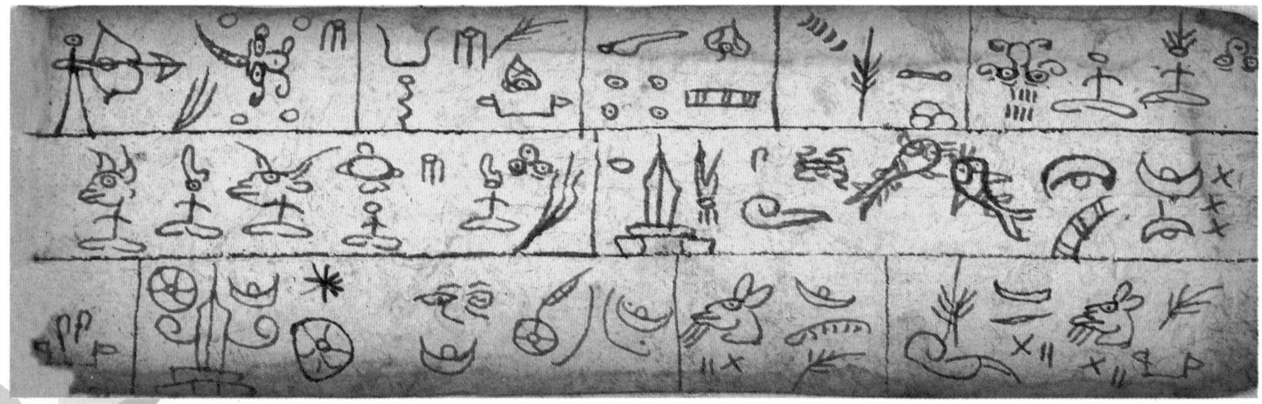

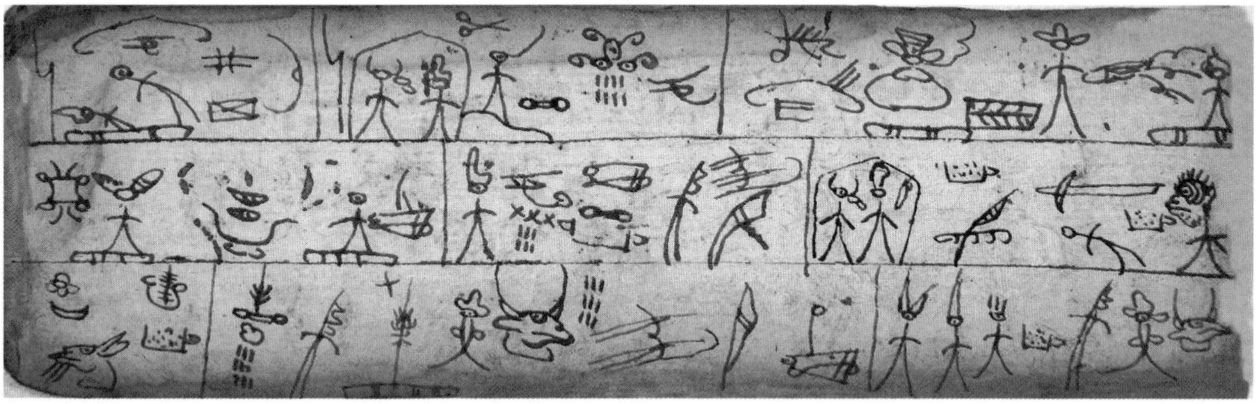

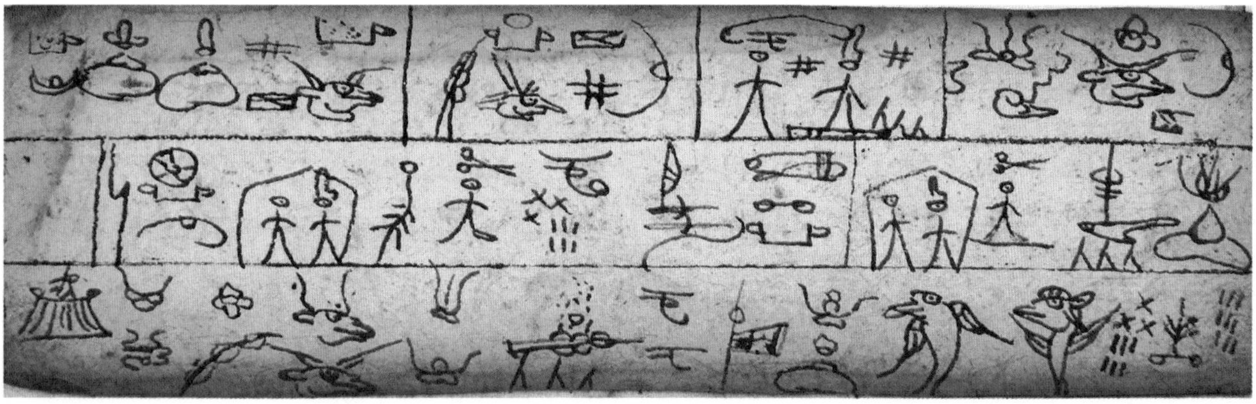

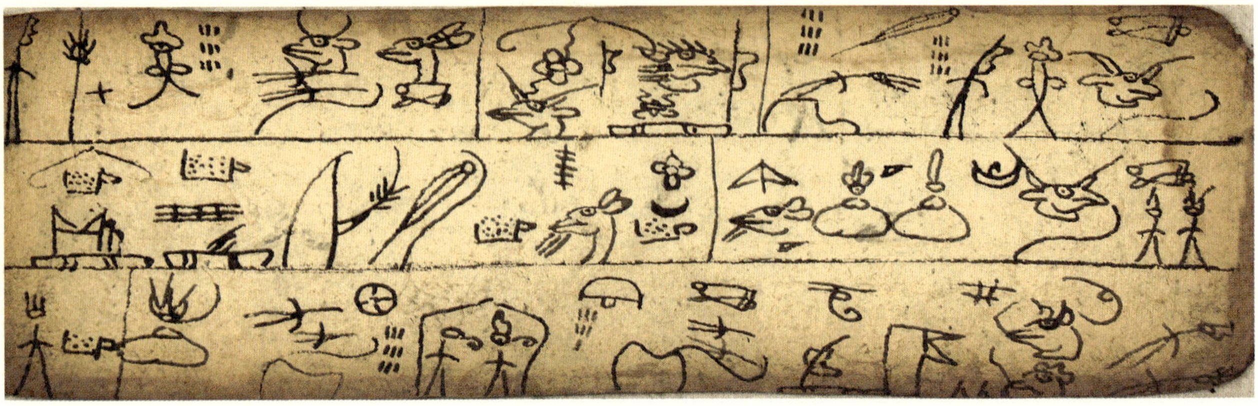

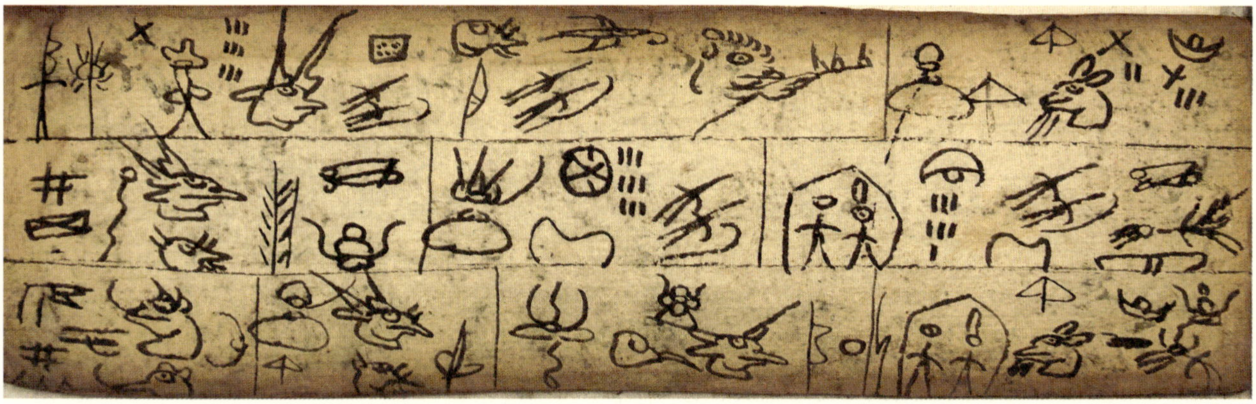

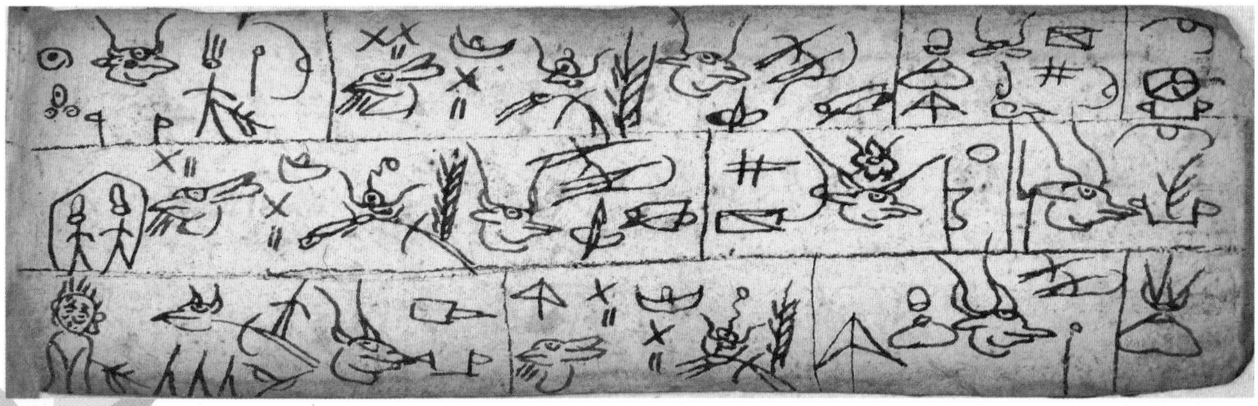

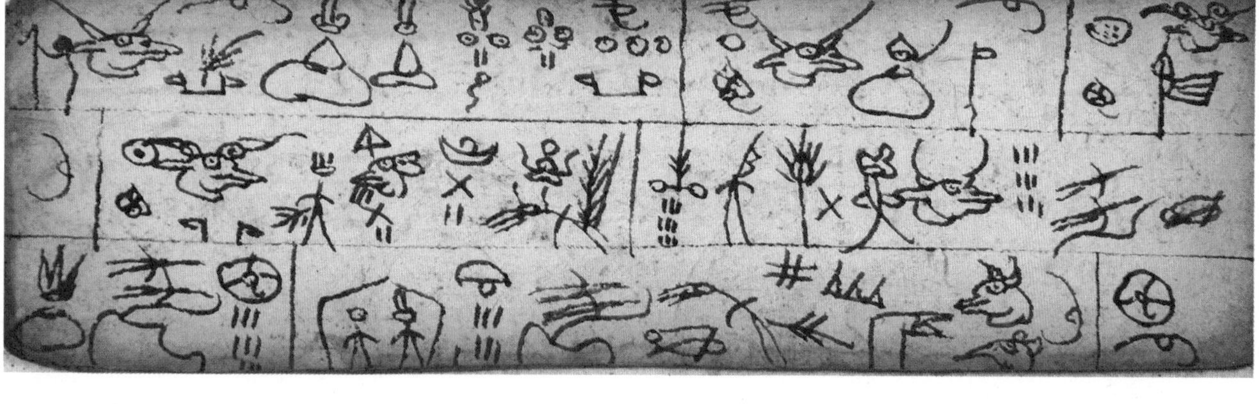

禳垛鬼仪式·白蝙蝠取经记

纳西族东巴教禳垛鬼仪式典籍。流传于云南省丽江市纳西族地区。不分卷，1册，佚名撰。讲述人们派白蝙蝠骑着金色大雕去取经，来到居那若罗神山顶，吹起白风和黑风，大雕被黑云黑风吹回大地，白蝙蝠被白云白风抬起，来到十八层天上的故事。旧抄本，本色构皮纸，线订册叶装，墨书。页面高9厘米，广28.5厘米。保存完好。今藏丽江玉龙纳西族自治县图书馆。

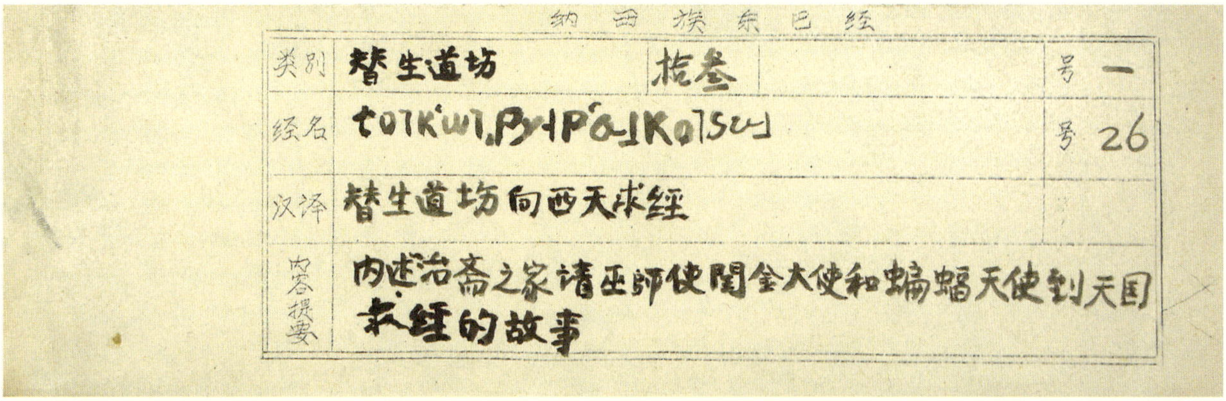

纳西族东巴经

类别	替生道场	拾叁	号 一
经名	tʻo˧kʻɯ˧.py˧˥pʻo˩ko˧sɯ˩		号 26
汉译	替生道场向西天求经		
内容提要	内述治斋之家请巫师使閻金大使和蝙蝠天使到天国求经的故事		

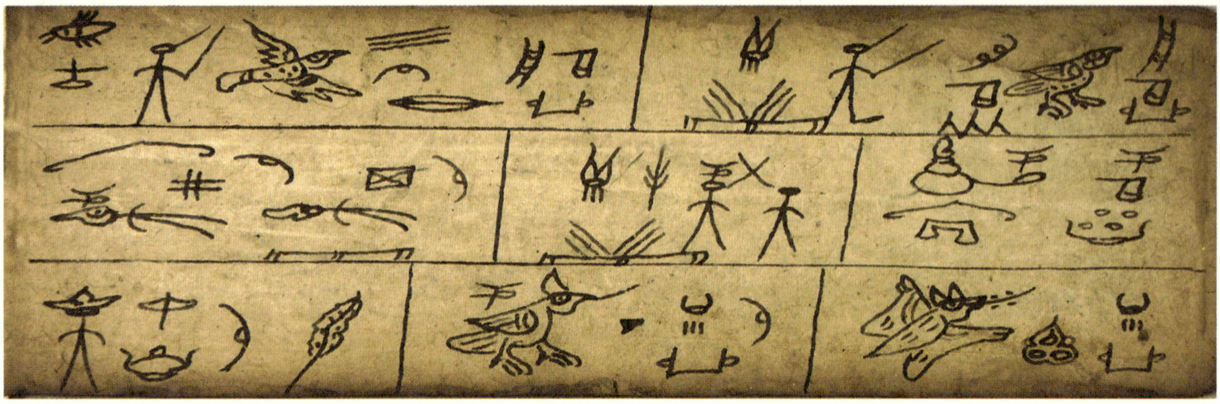

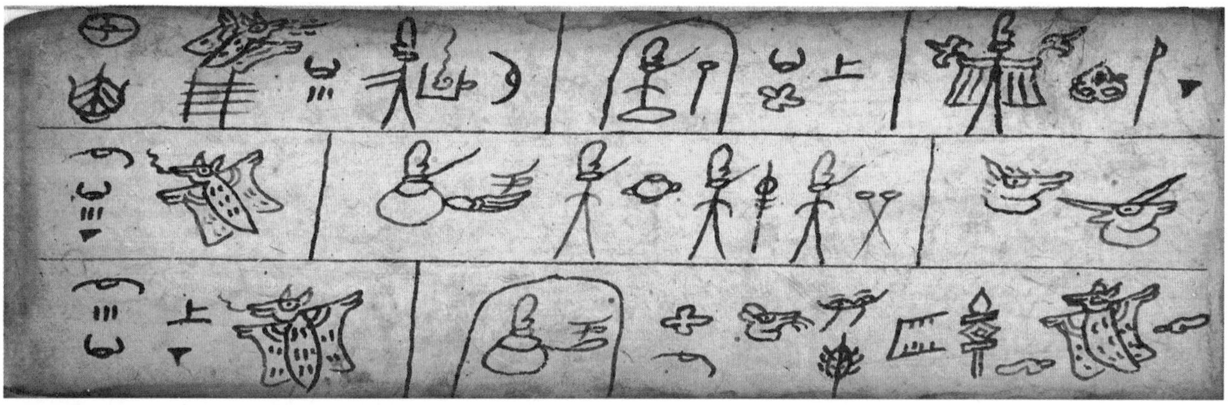

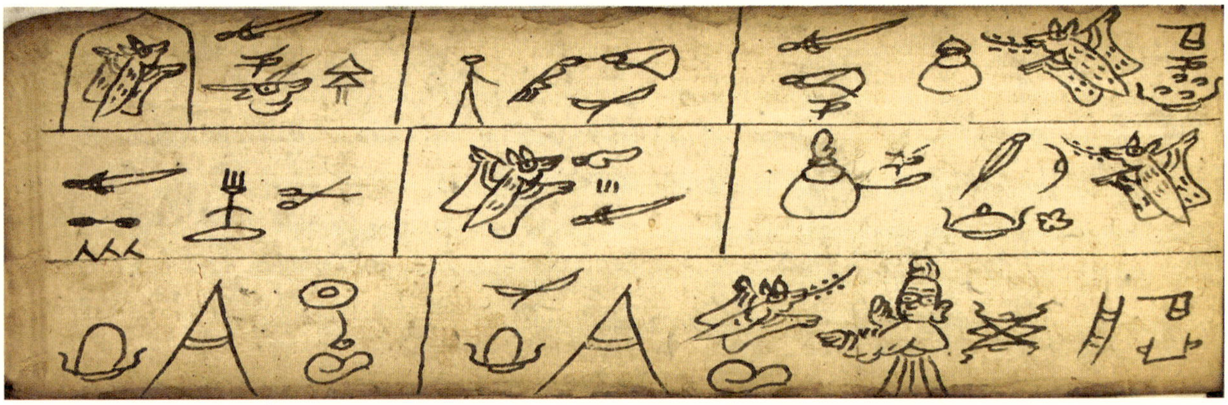

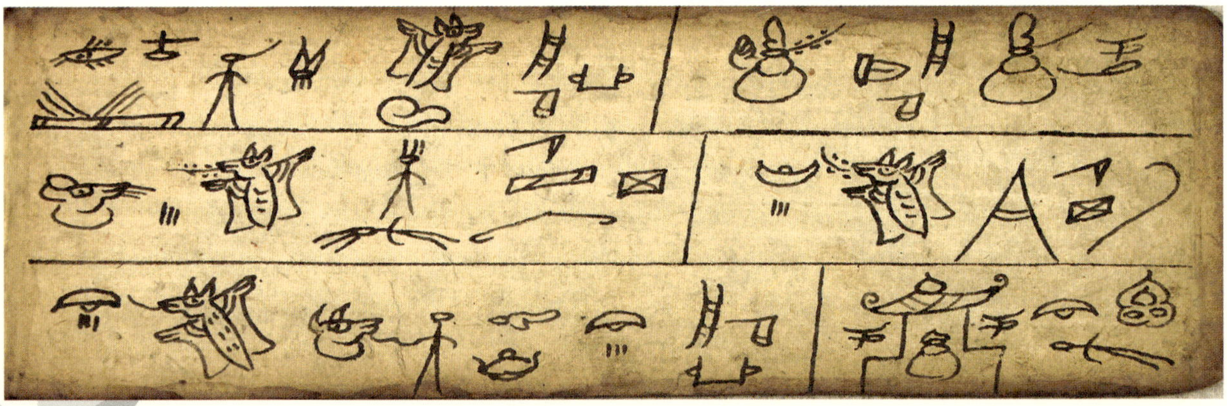

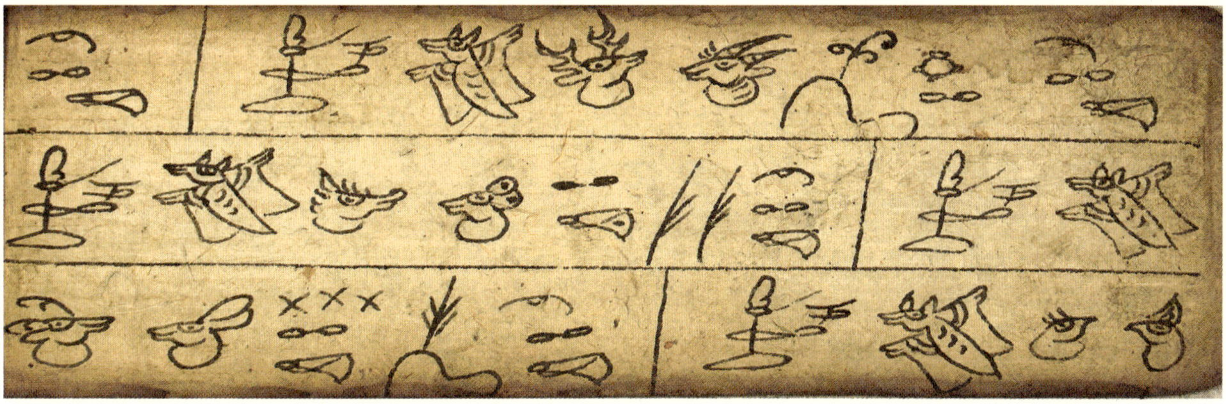

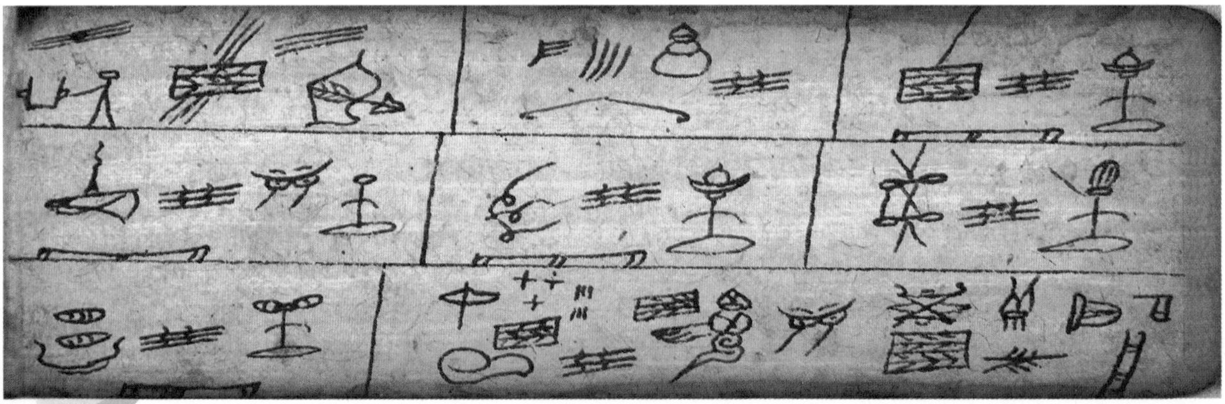

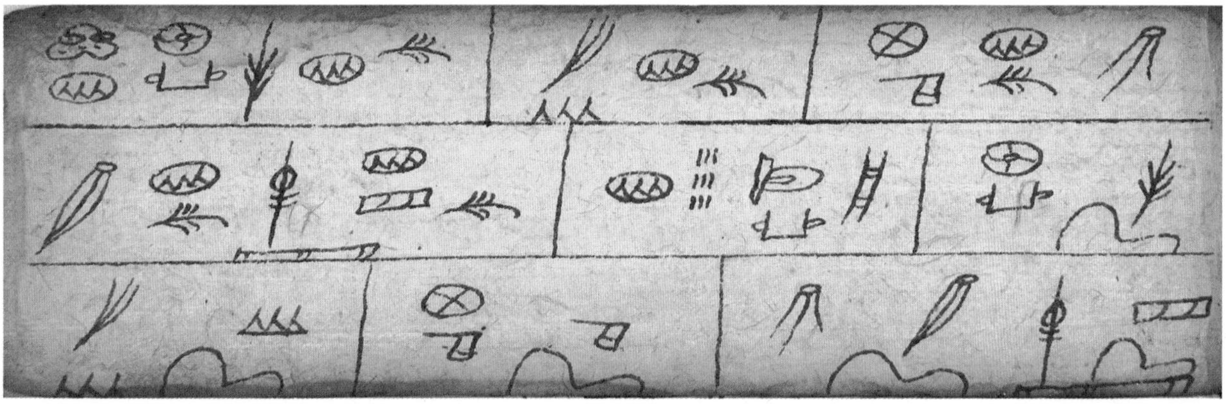

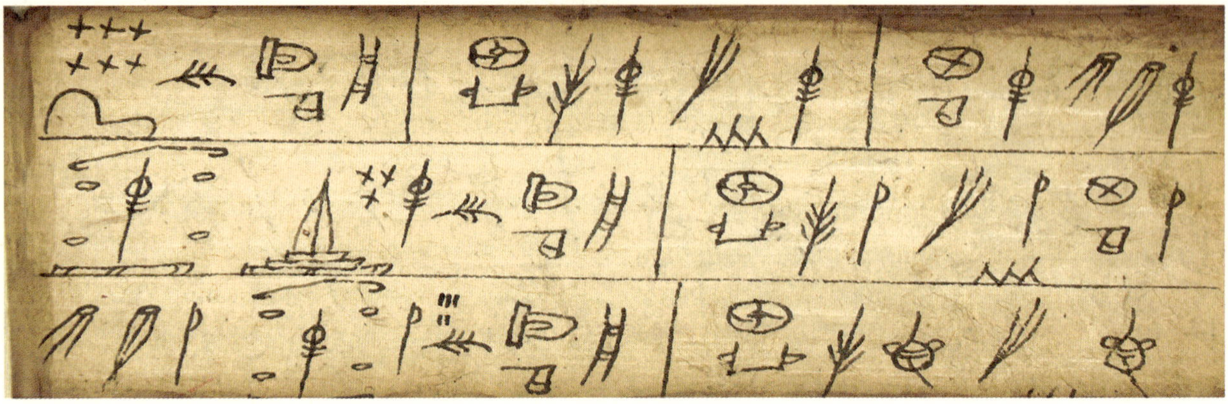

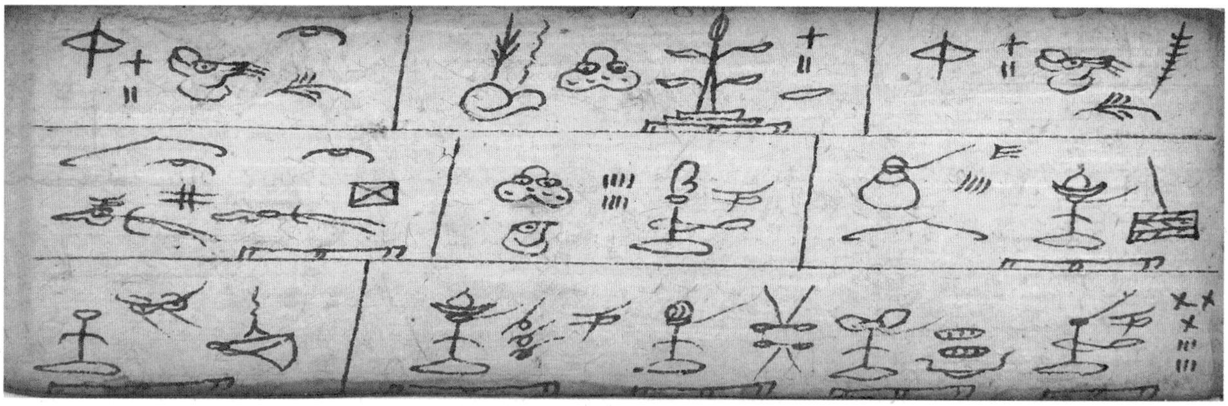

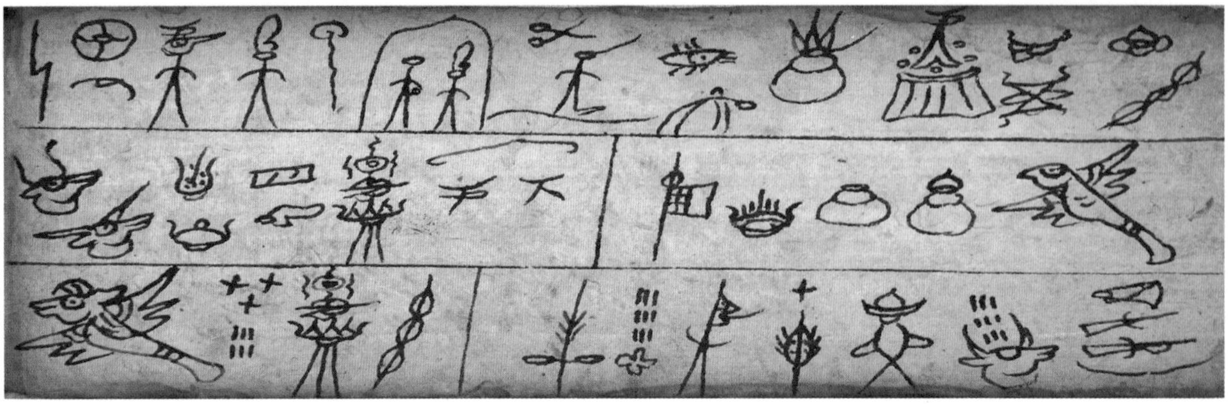

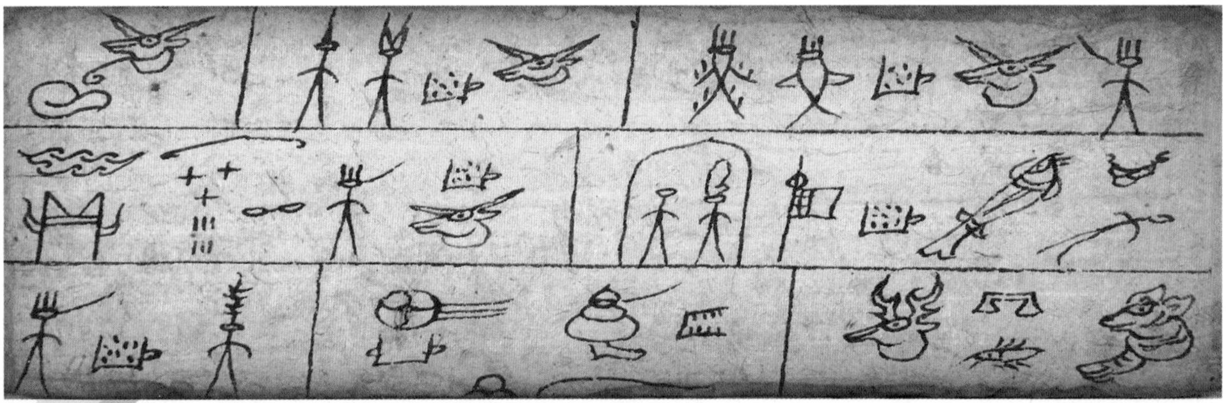

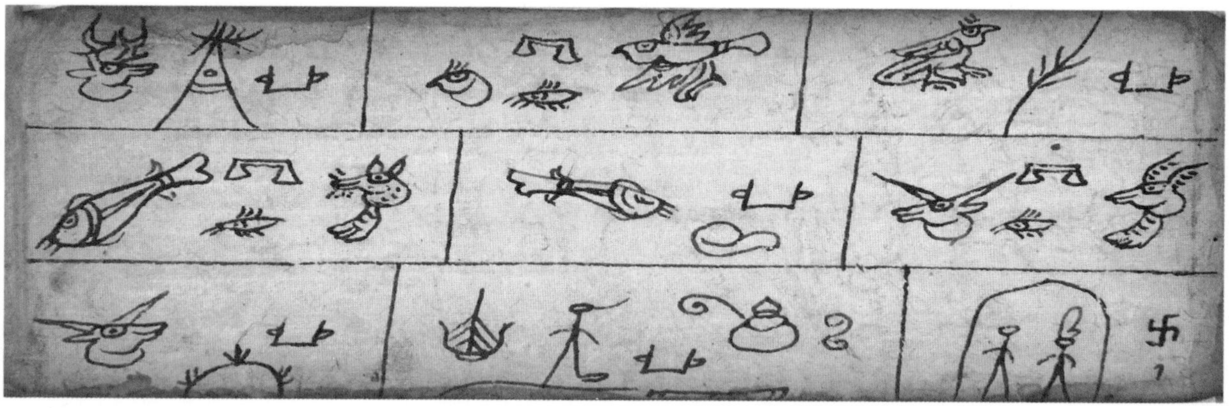

禳垛鬼仪式·白蝙蝠取经记

纳西族东巴教禳垛鬼仪式典籍。流传于云南省丽江市纳西族地区。不分卷，1册，佚名撰。讲述白蝙蝠来到十八层天上盘孜沙美女神家里，向女神述说大地上鬼怪作祟、人类生病的情形，祈求女神赐经，白蝙蝠巧言辩说，最后取得适合于人类使用的祭祀占卜经的故事。旧抄本，本色构皮纸，线订册叶装，墨书，封面有彩色装饰。页面高9厘米，广28.5厘米。保存完好。今藏丽江玉龙纳西族自治县图书馆。

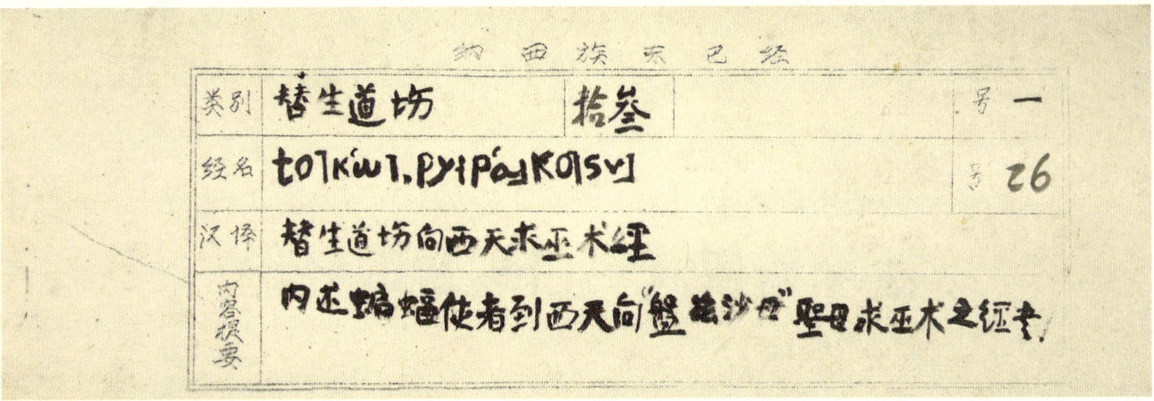

纳西族东巴经

类别	替生道场	拾叁	号	一
经名	tO˥K'ɯ˥.pY˧p'o˩K'O˥sv˩		号	26
汉译	替生道场向西天求巫术經			
内容提要	内述蝙蝠使者到西天向"盤孜沙美"聖母求巫术之經書。			

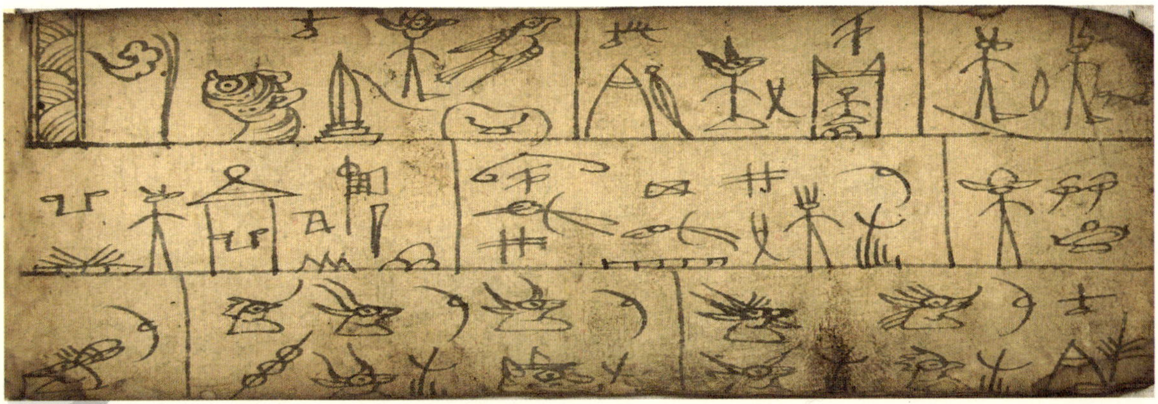

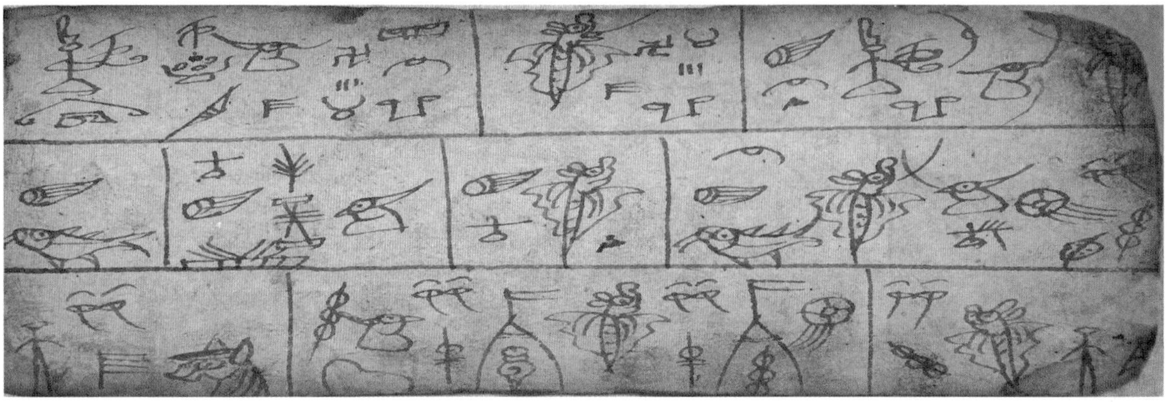

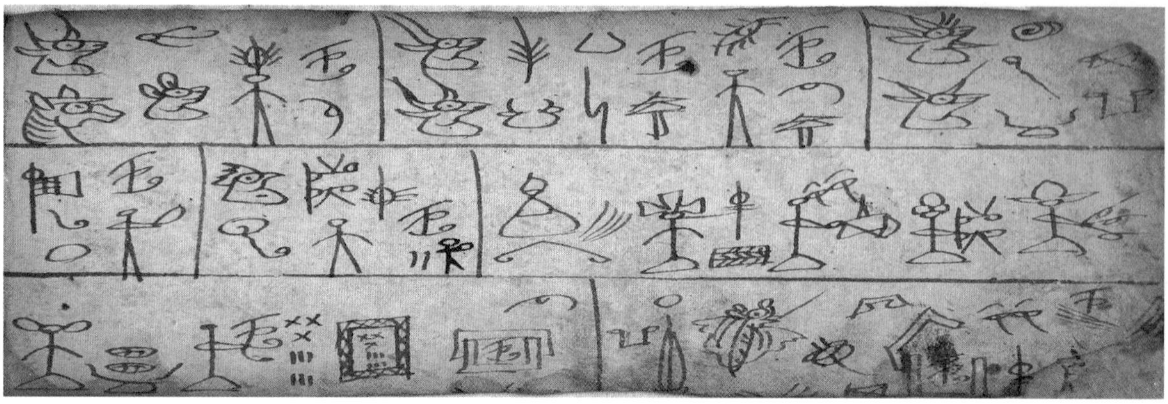

禳垛鬼仪式·驱赶垛鬼·头本

纳西族东巴教禳垛鬼仪式典籍。流传于云南省丽江市纳西族地区。分卷，此为上册，佚名撰。讲述作为先祖美忍兴禾、精肯玫生、束肯古汝、里敕股尤种族后裔的祭祀人家，要请先祖崇忍利恩、高勒趣驱赶垛鬼、铎鬼之规，举行占卜、祭祀、禳灾、驱鬼仪式。旧抄本，本色构皮纸，线订册叶装，墨书。页面高9厘米，广29厘米。保存基本完好。今藏丽江玉龙纳西族自治县图书馆。

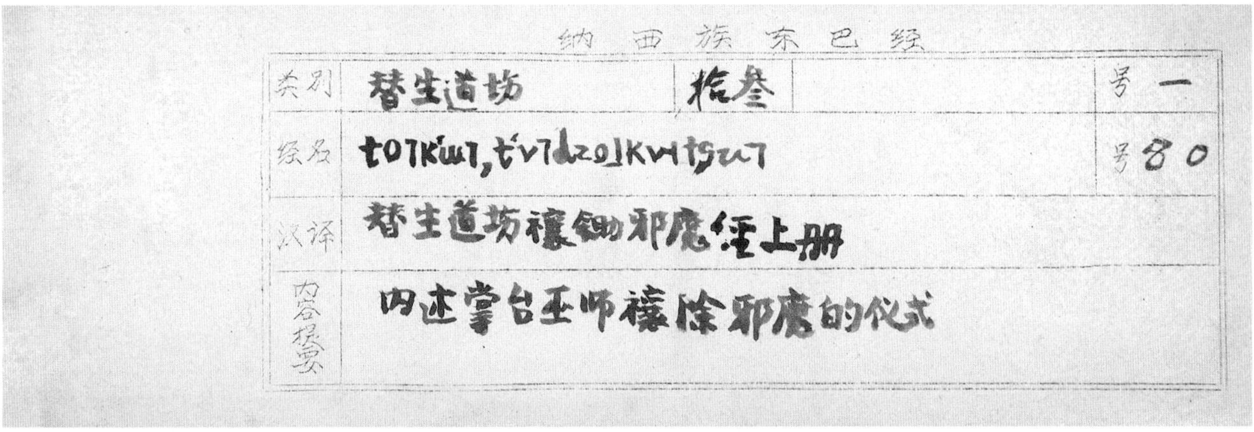

纳西族东巴经

类别	替生道场	拾叁	号 一
经名	to˧k'ɯ˧, t'v˧dzo˩kv˧tʂɯ˧		号 80
汉译	替生道场禳铡邪魔经上册		
内容提要	内述掌台巫师禳除邪魔的仪式		

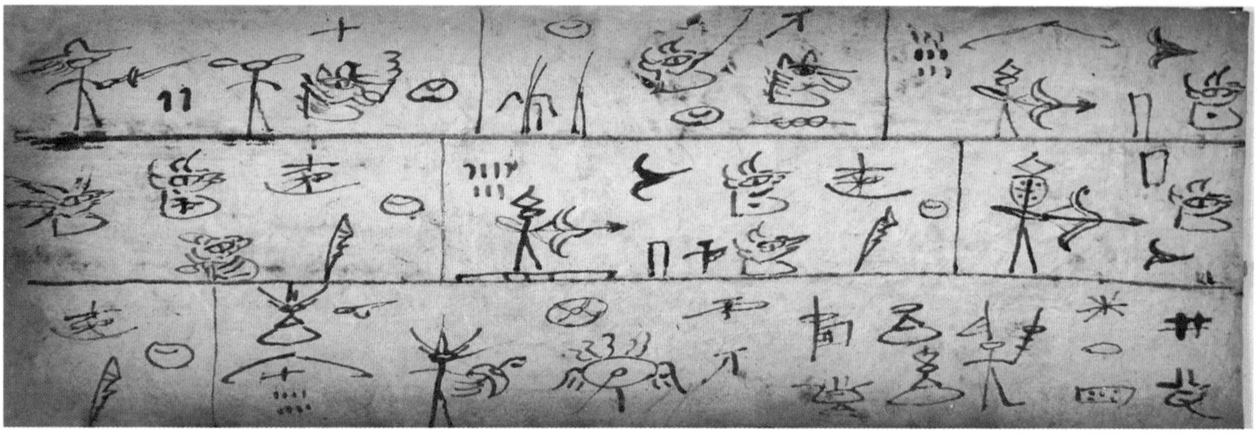

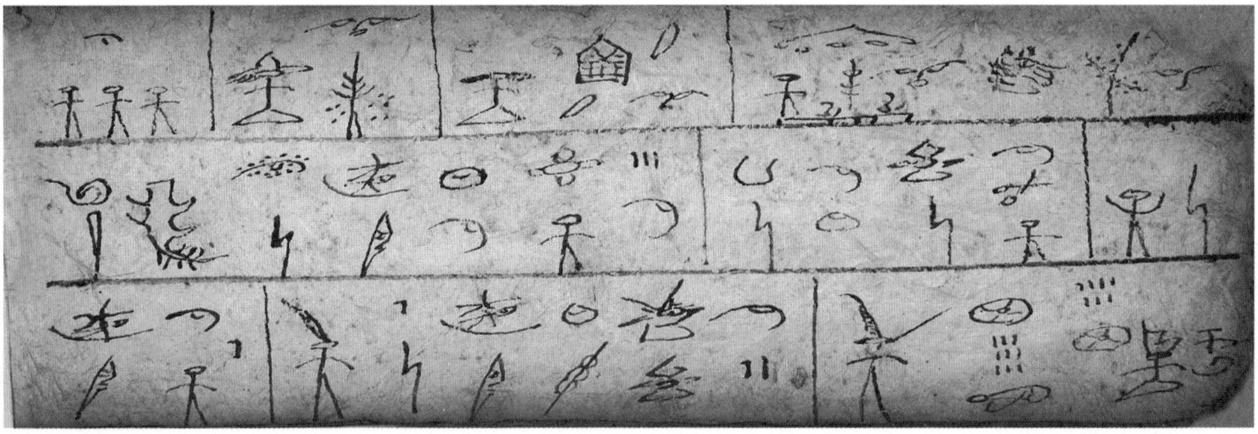

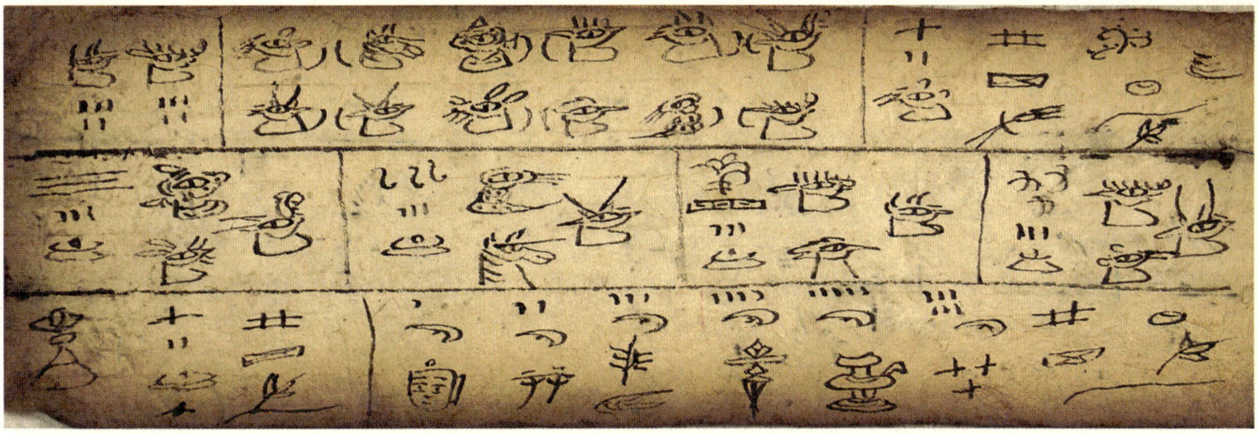

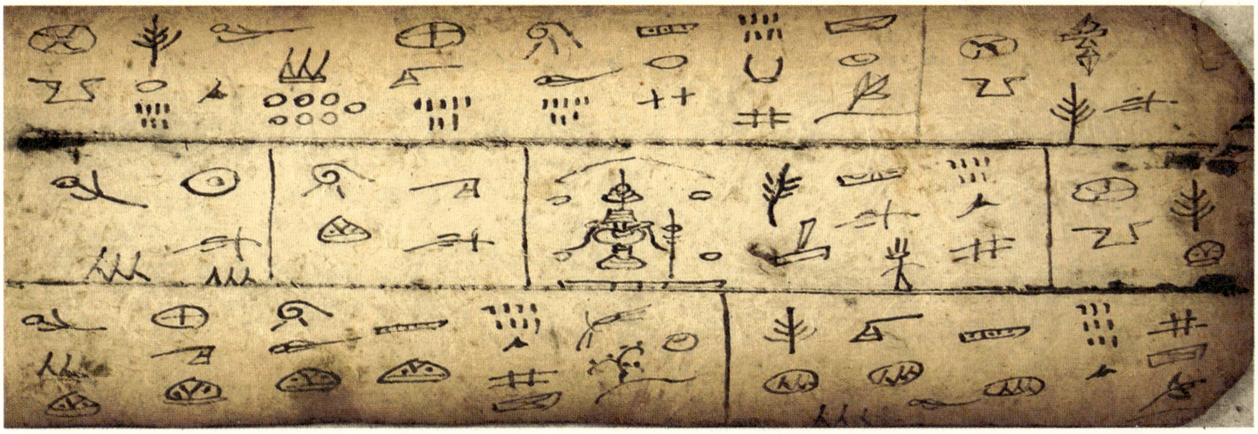

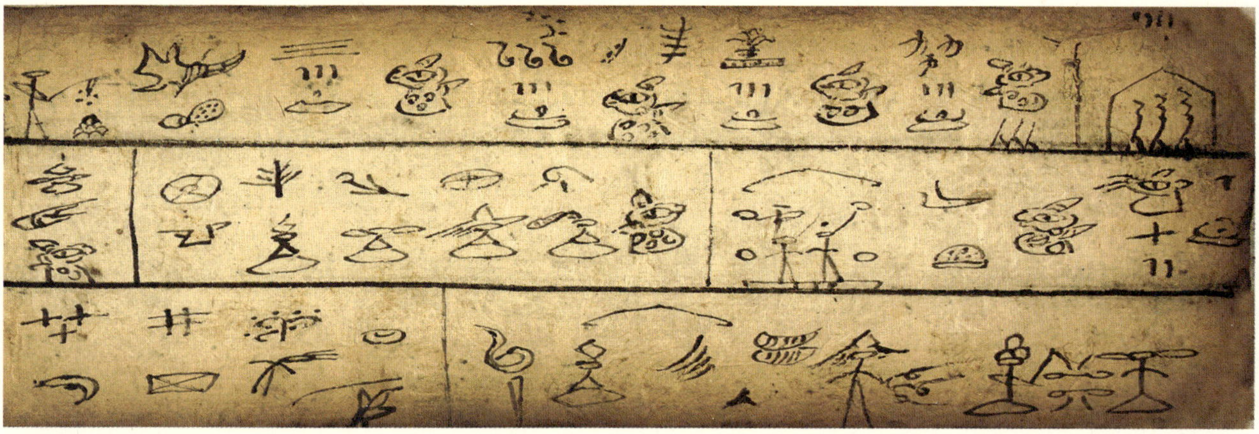

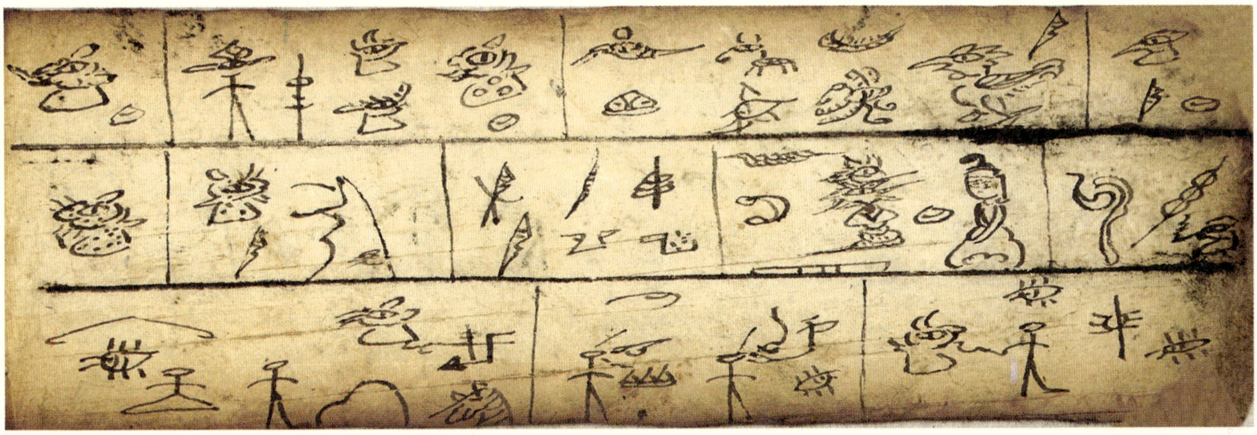

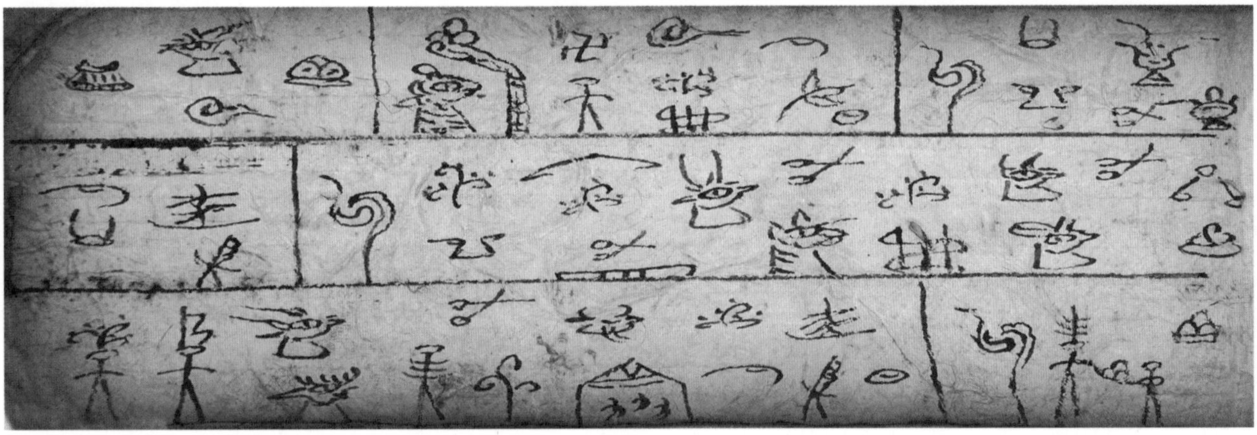

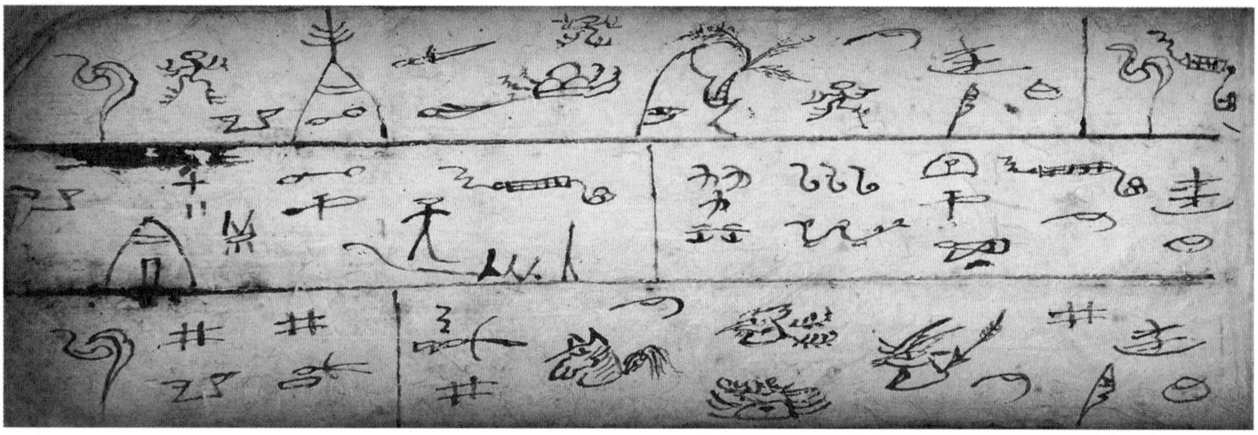

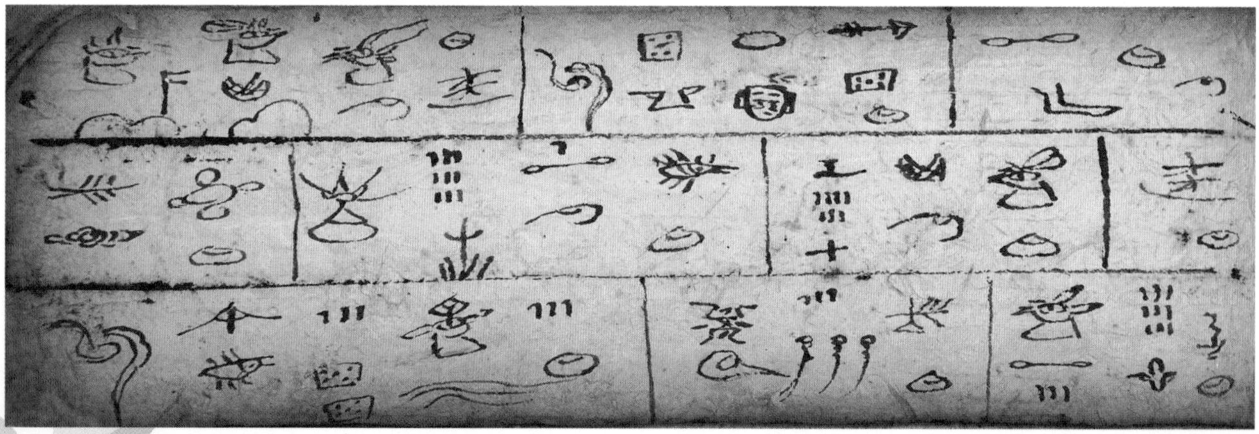

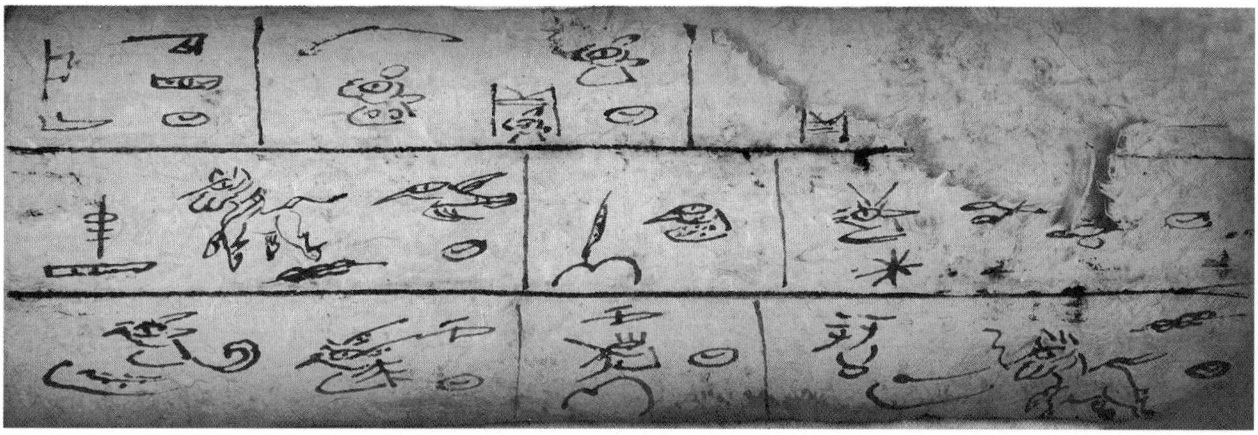

禳垛鬼仪式·枚生督迪放替身

纳西族东巴教禳垛鬼仪式典籍。流传于云南省丽江市纳西族地区。不分卷，1册，佚名撰。讲述远古时候，开天辟地，出现了神灵和人类，也出现了枚生督迪和美梅古迪一家。枚生督迪领着狗到署和尼居住的地方打猎，捕到野牛、白鹿、犏牛等野兽，并吃了野兽的肉和血。美梅古迪认为捕了野兽会生病，就叫枚生督迪举行禳垛鬼仪式，排除灾难。请东巴陈设神坛、供奉神灵，制作面偶，把所有的灾难附在面偶上再扔出去，用山羊、猪、鸡充当灾难的替身。举行完仪式以后，祭祀的主人家就会无病无痛、兴旺发达。旧抄本，本色构皮纸，线订册叶装，墨书。页面高10厘米，广28厘米。保存完好。今藏丽江玉龙纳西族自治县图书馆。

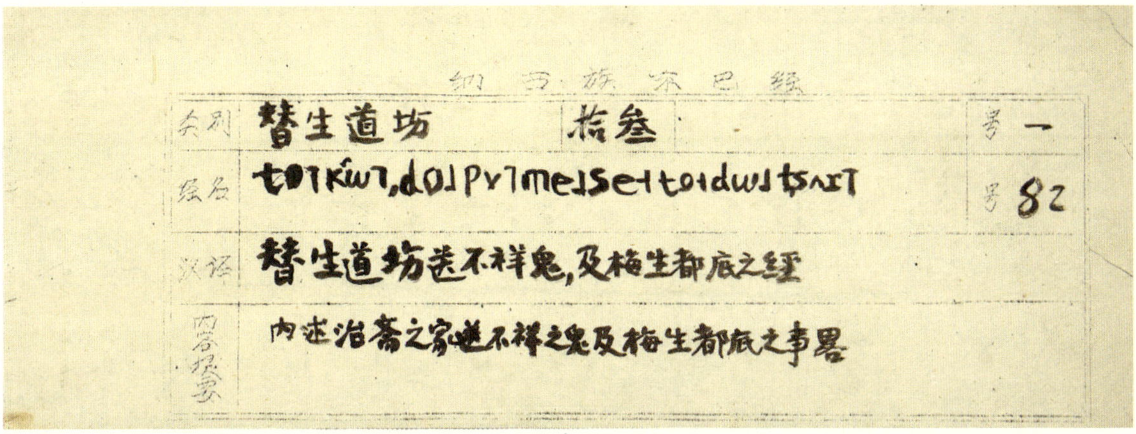

纳西族东巴经

类别	替生道场　拾叁	号	一
经名	tɕɑ˥kʰɯ˥, do˩py˥me˧se˧to˧dɯ˩tsʌ˧	号	82
汉译	替生道场送不祥鬼，及梅生都底之经		
内容提要	内述治斋之家送不祥之鬼及梅生都底之事略		

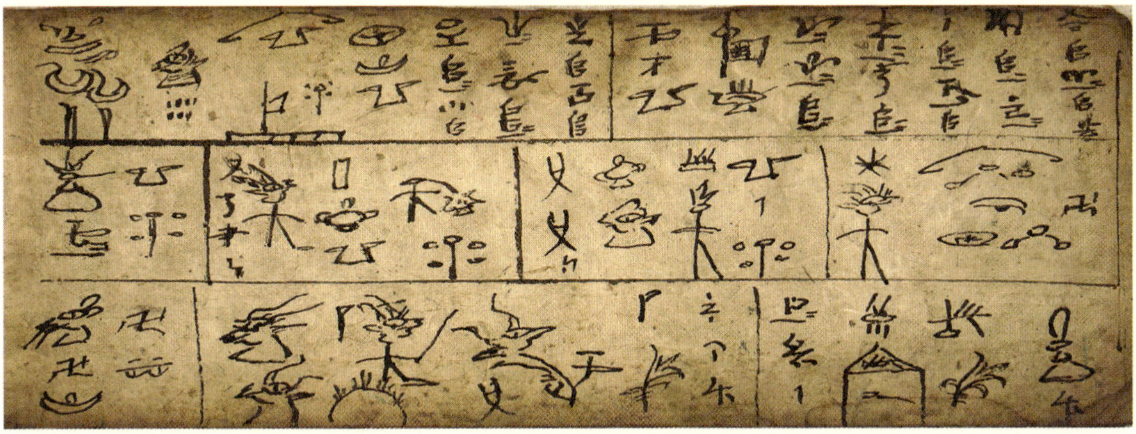

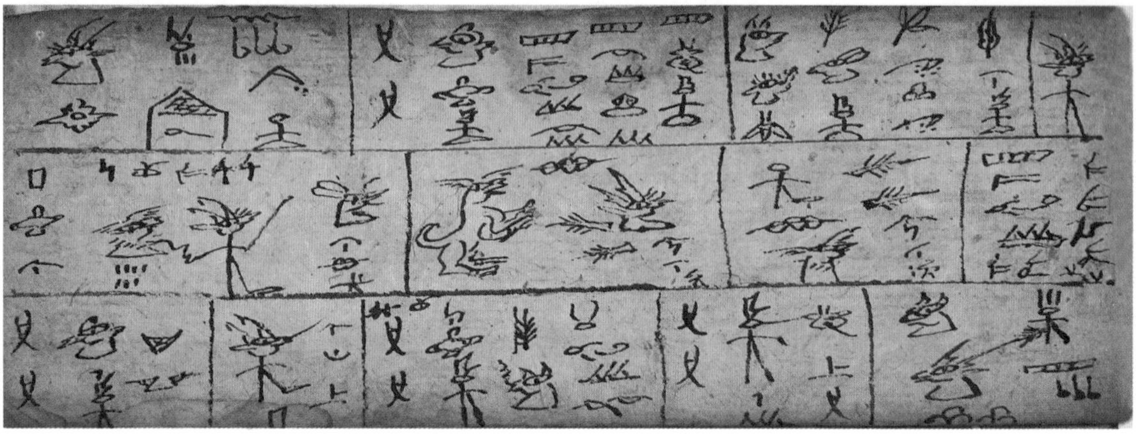

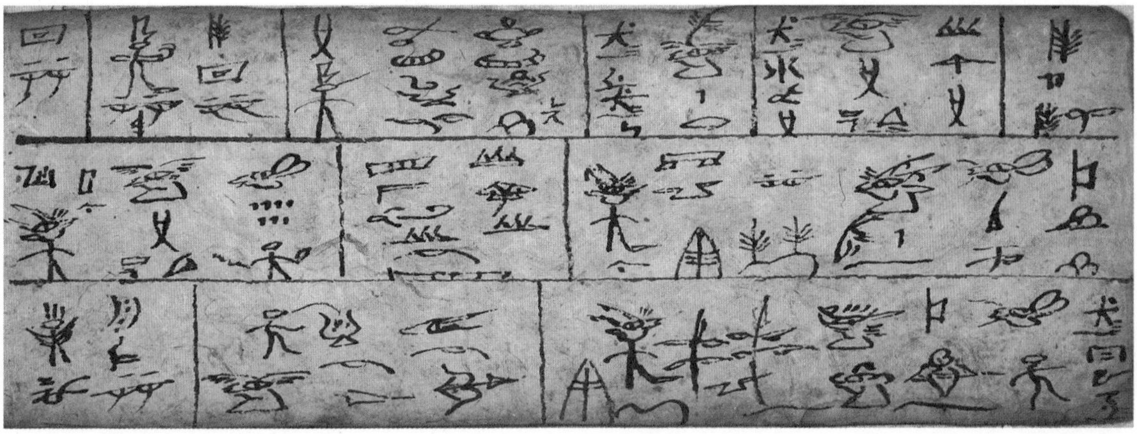

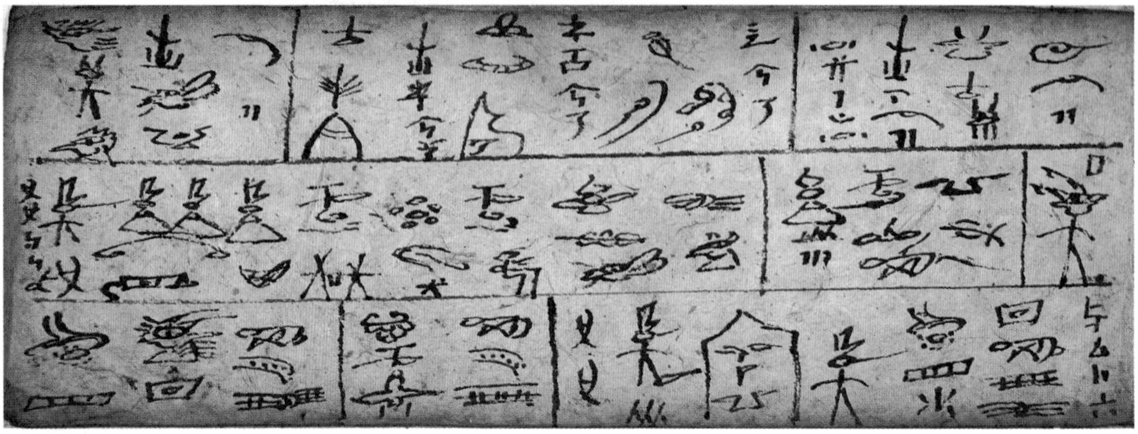

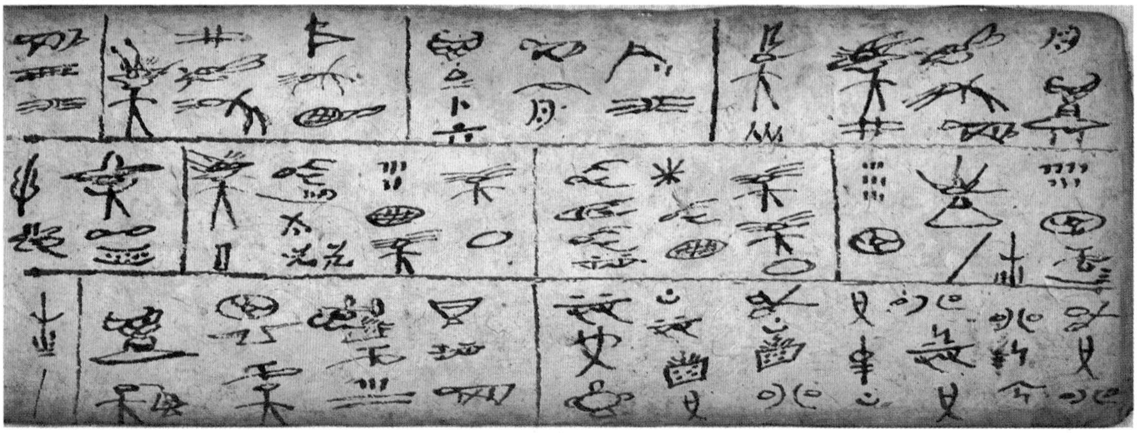

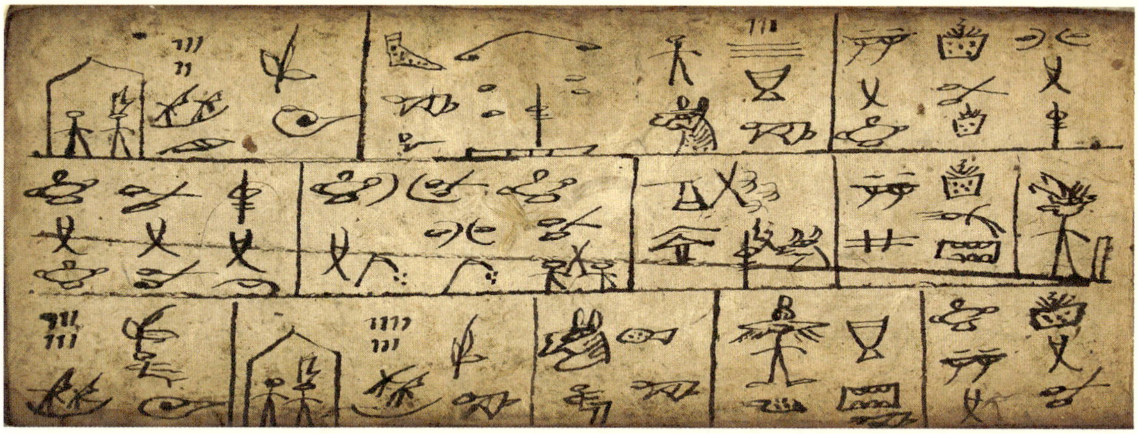

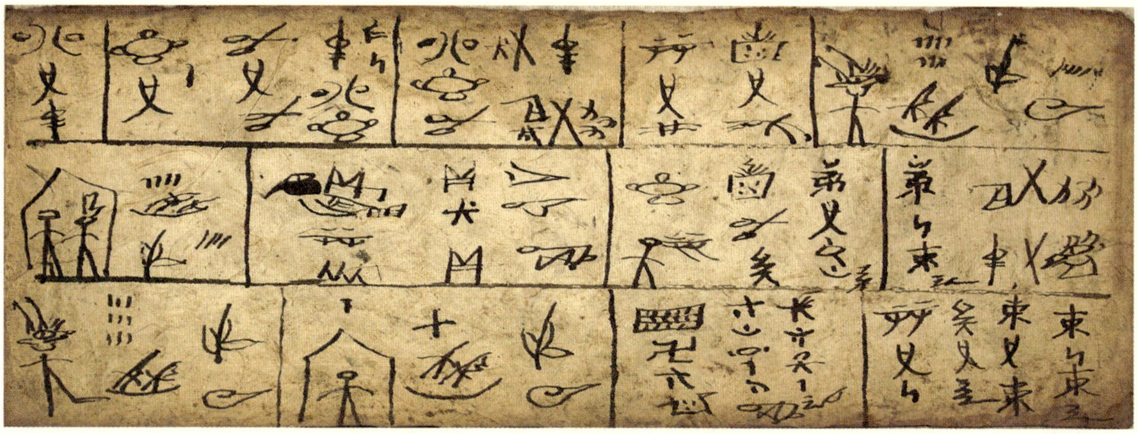

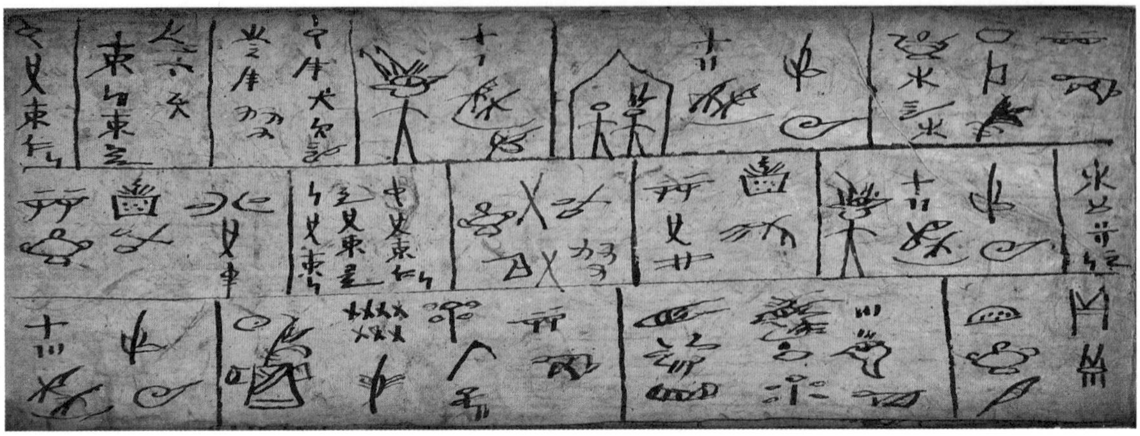

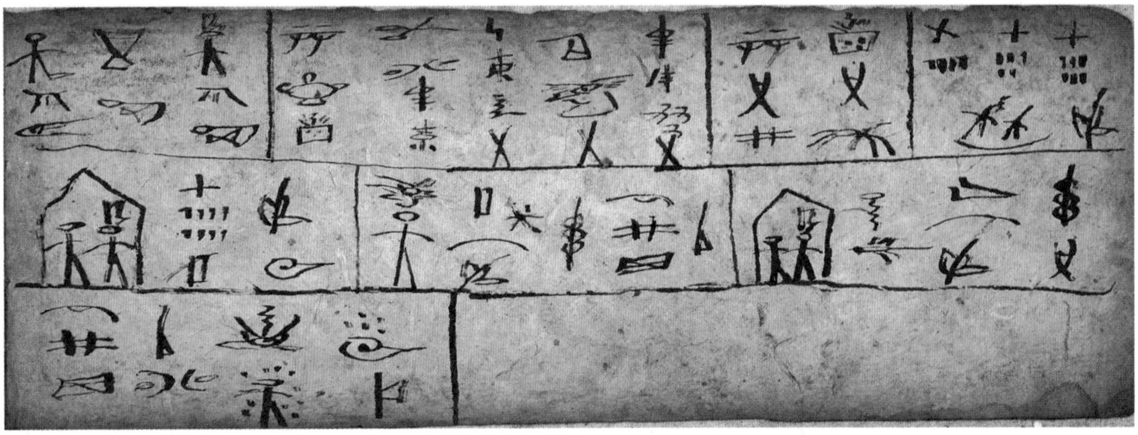

禳垛鬼仪式·用绵羊还鬼债

纳西族东巴教禳垛鬼仪式典籍。流传于云南省丽江市纳西族地区。不分卷，1册，佚名撰。远古时候，开天辟地，出现了神灵和人类，也出现了枚生督迪和美梅古迪一家。枚生督迪领着狗到署和尼居住的地方打猎，追捕到野牛、白鹿、犏牛等野兽，并吃了野兽的血肉。美梅古迪认为捕食野兽会生病，叫枚生督迪举行禳垛鬼仪式献牲赎罪。用绵羊作牺牲还鬼债，人类将子孙兴旺，延年益寿。旧抄本，本色构皮纸，线订册叶装，墨书。页面高10厘米，广29厘米。保存完好，今藏丽江玉龙纳西族自治县图书馆。

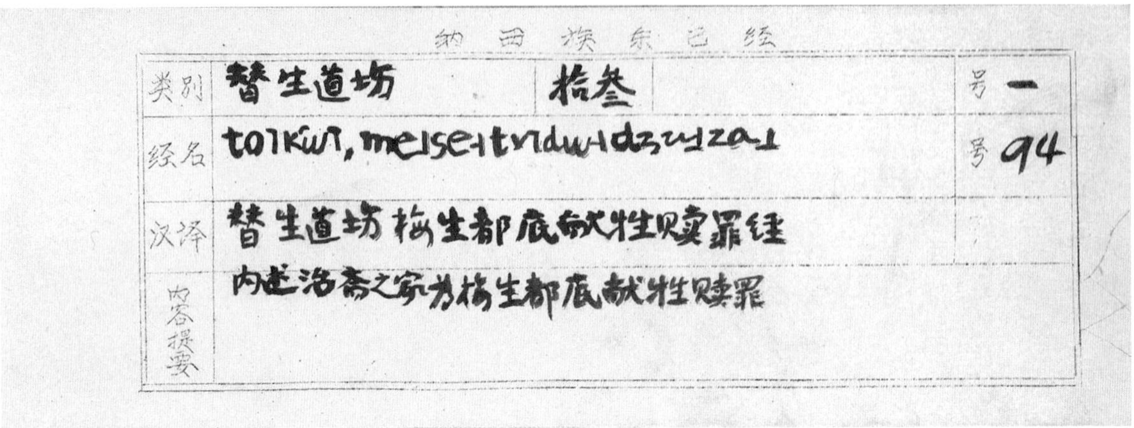

纳西族东巴经

类别	替生道场	拾叁	号	一
经名	to˥kɯ˧, me˥se˧tv˩dɯ˧dzɿ˩ɯ˩za˩		号	94
汉译	替生道场 梅生都底献牲赎罪经			
内容提要	内述洛斋之家为梅生都底献牲赎罪			

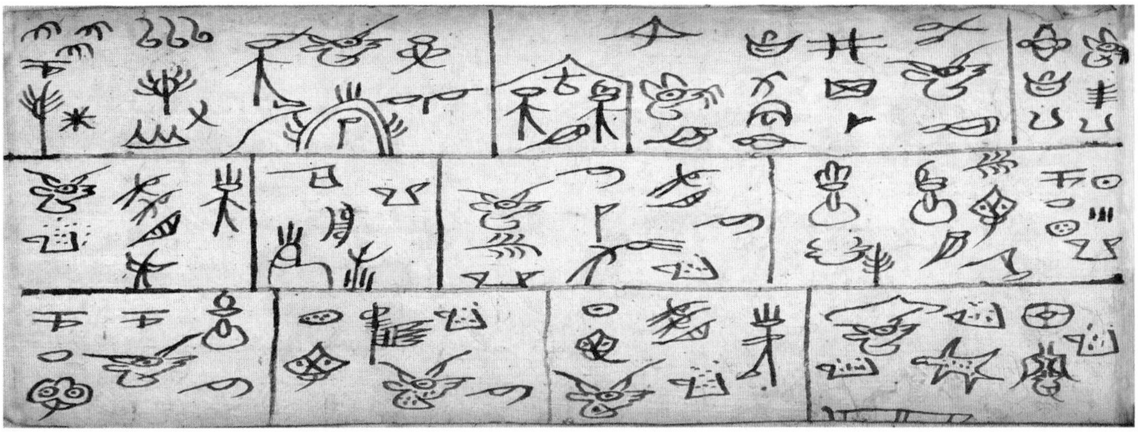

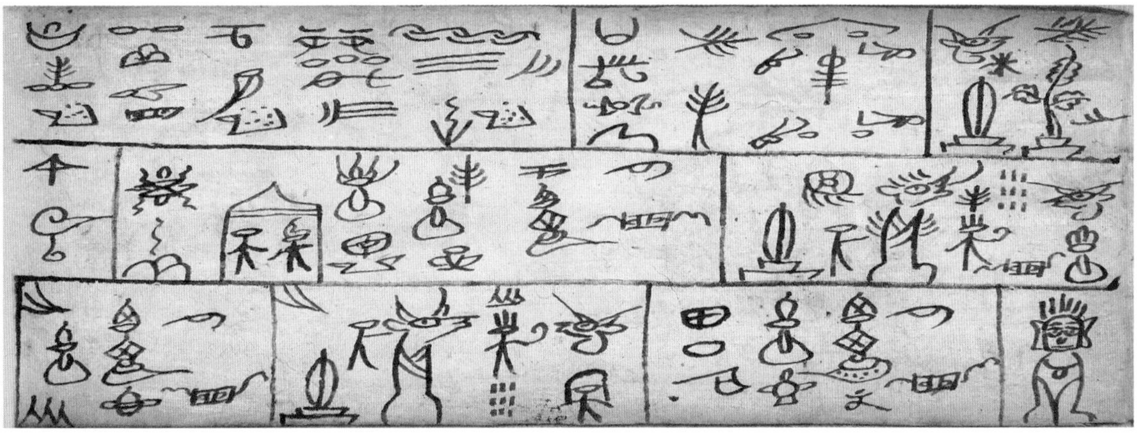

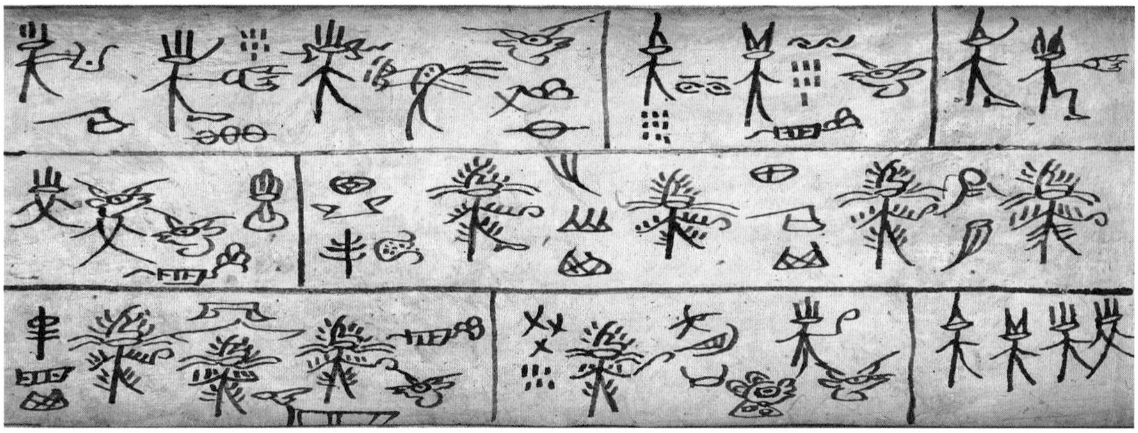

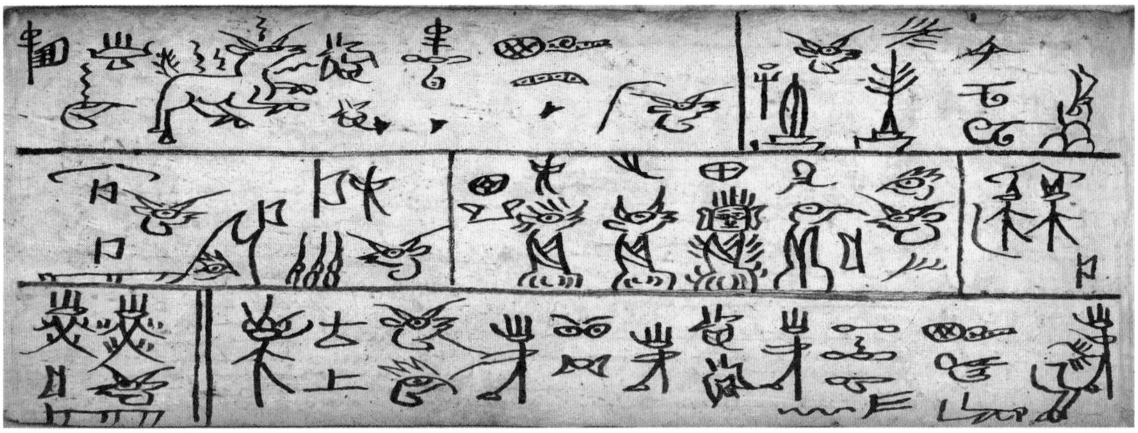

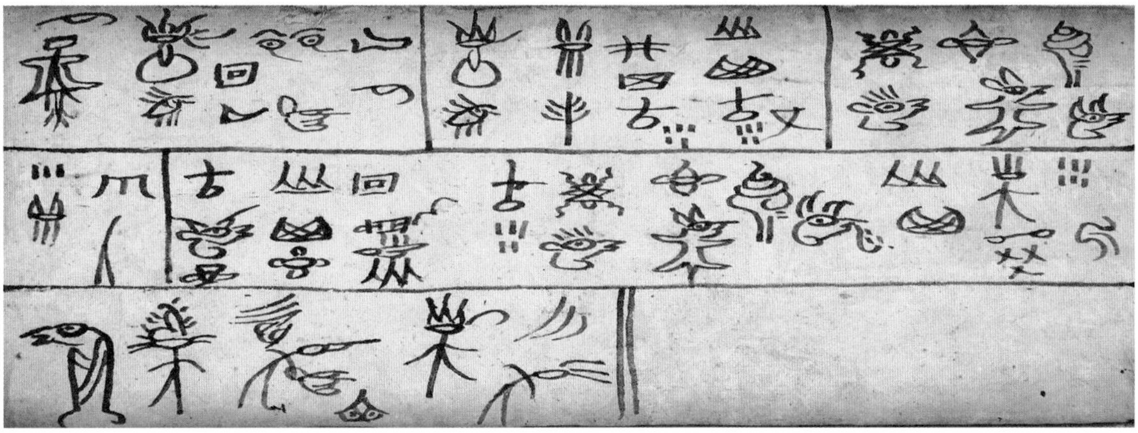

禳垛鬼仪式·迎请卡冉神

纳西族东巴教禳垛鬼仪式典籍。流传于云南省丽江市纳西族地区。不分卷，1册，佚名撰。讲述祭祀的主人家在吉日陈设神坛、供奉神灵，迎请卡冉神，祈求卡冉神显灵，镇压恶鬼，祭祀的主人家便可无病无灾、发展兴旺。旧抄本，本色构皮纸，线订册叶装，墨书。页面高10厘米，广29厘米。保存完好，今藏丽江玉龙纳西族自治县图书馆。

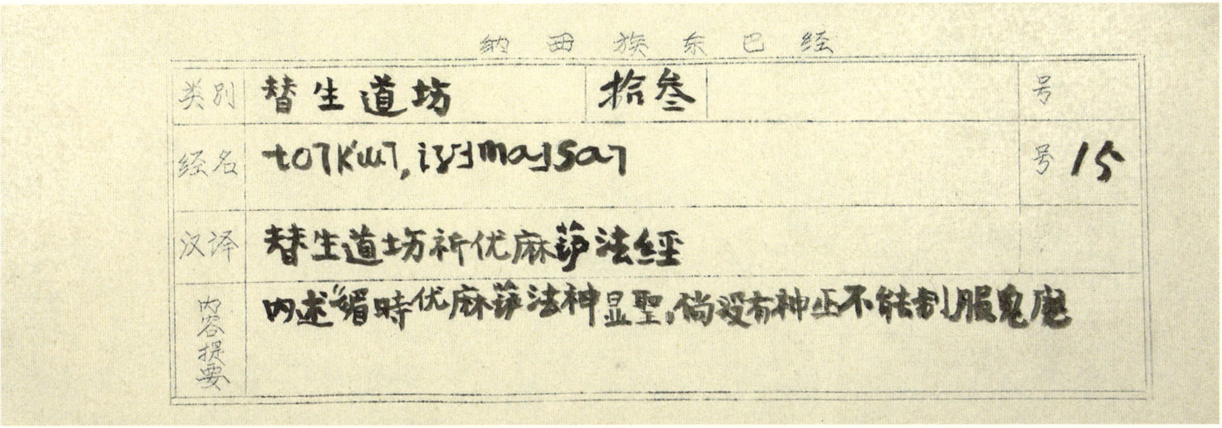

纳西族东巴经

类别	替生道坊	拾叁	号	
经名	to˥kɯ˥, iʒ˧ma˧sa˥		号	15
汉译	替生道场祈优麻萨法经			
内容提要	内述"猎時优麻萨法神显聖，倘没有神坐不能制服鬼魔			

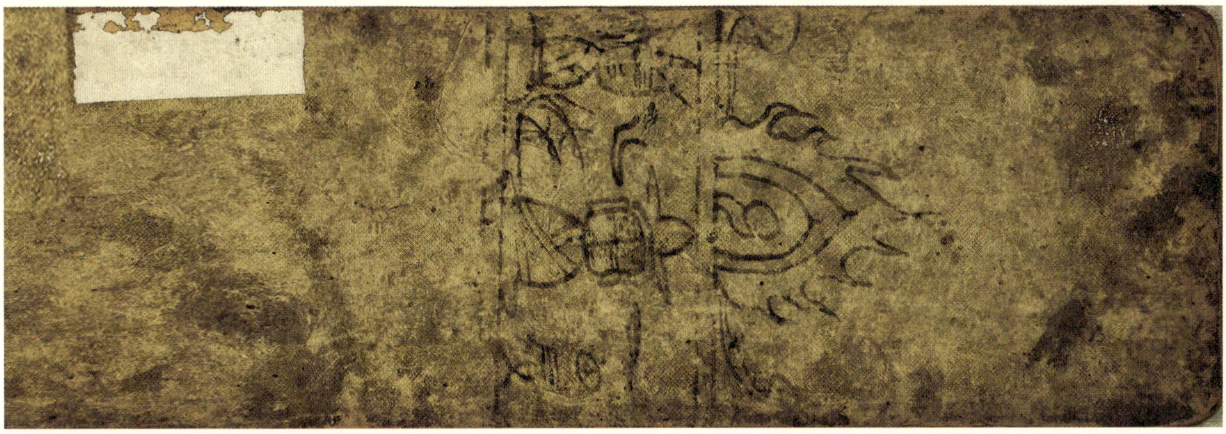

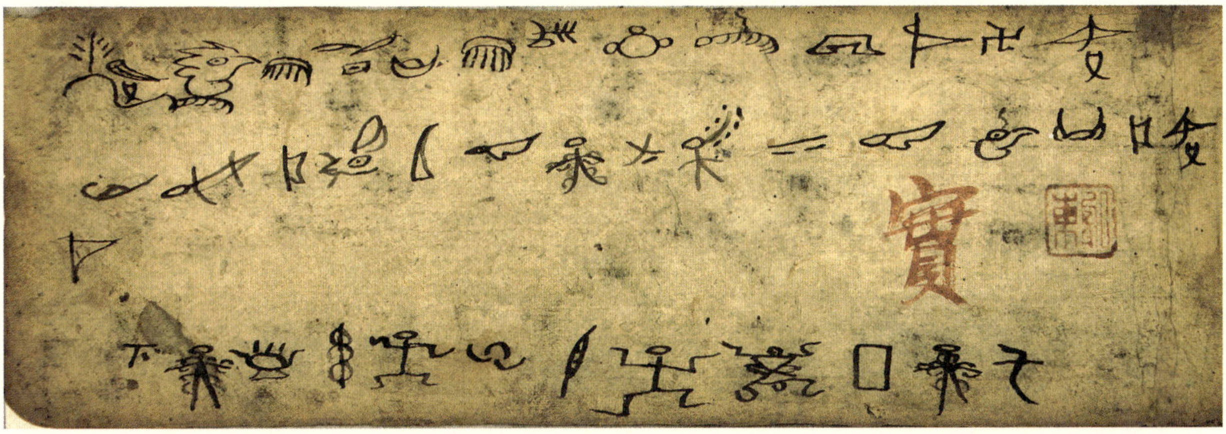

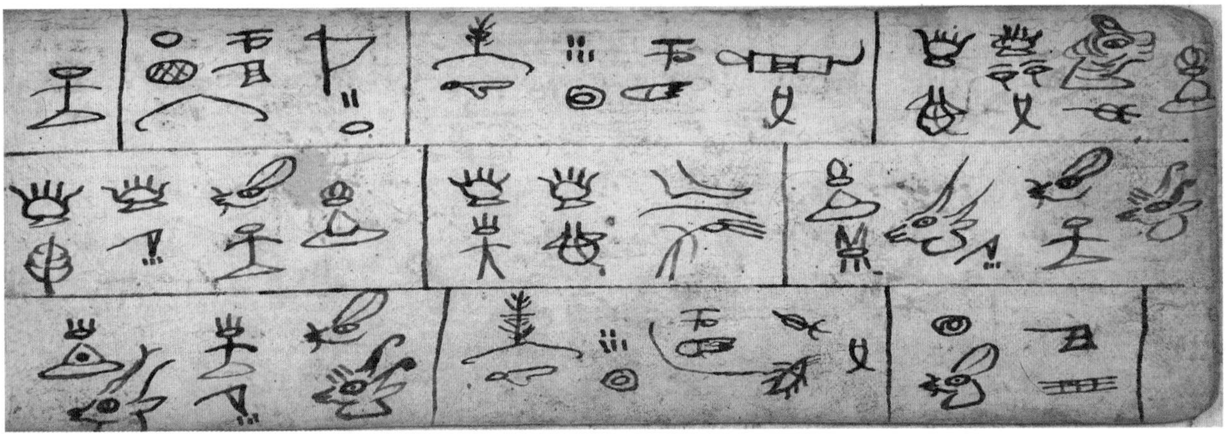

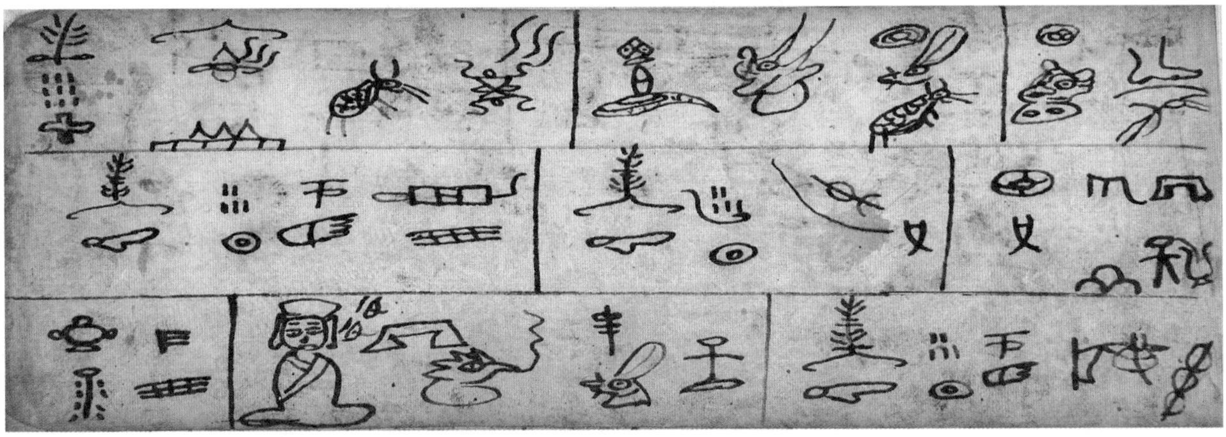

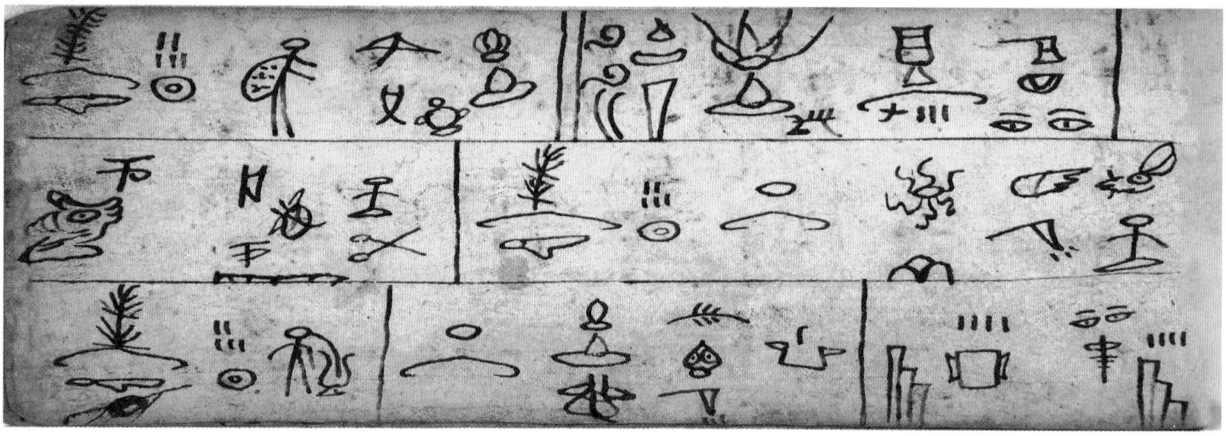

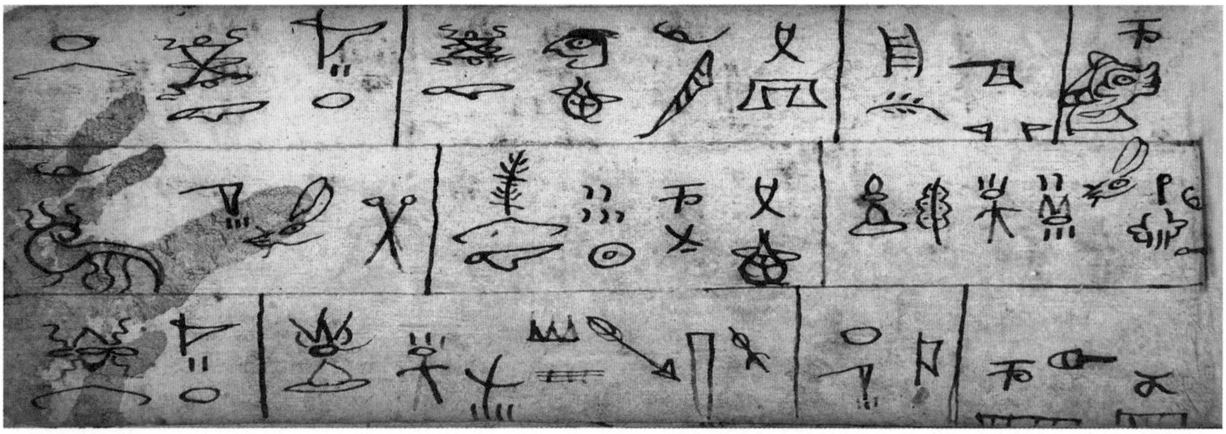

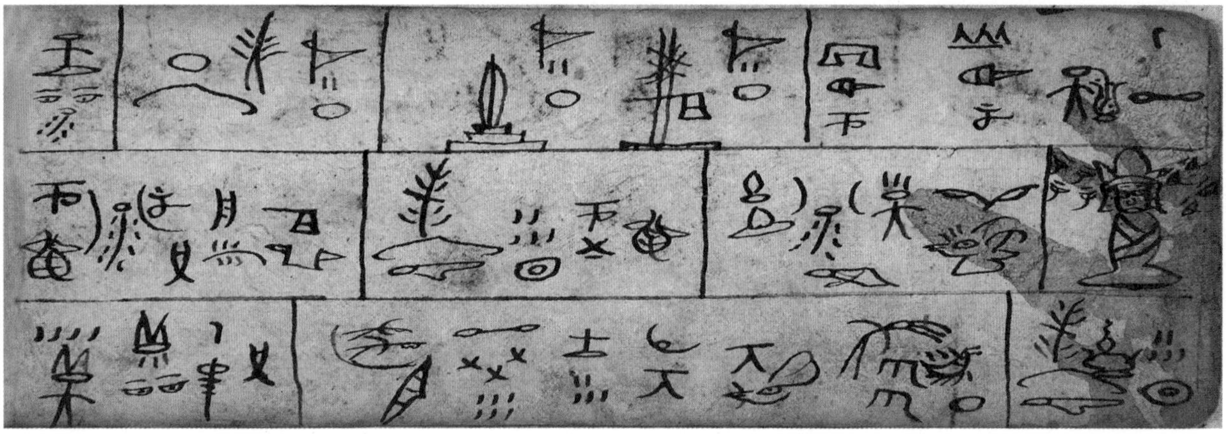

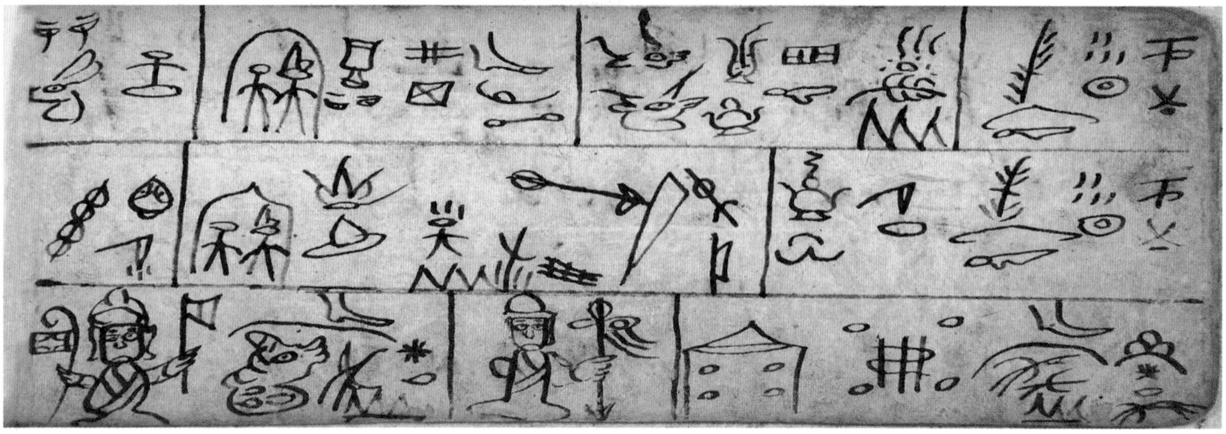

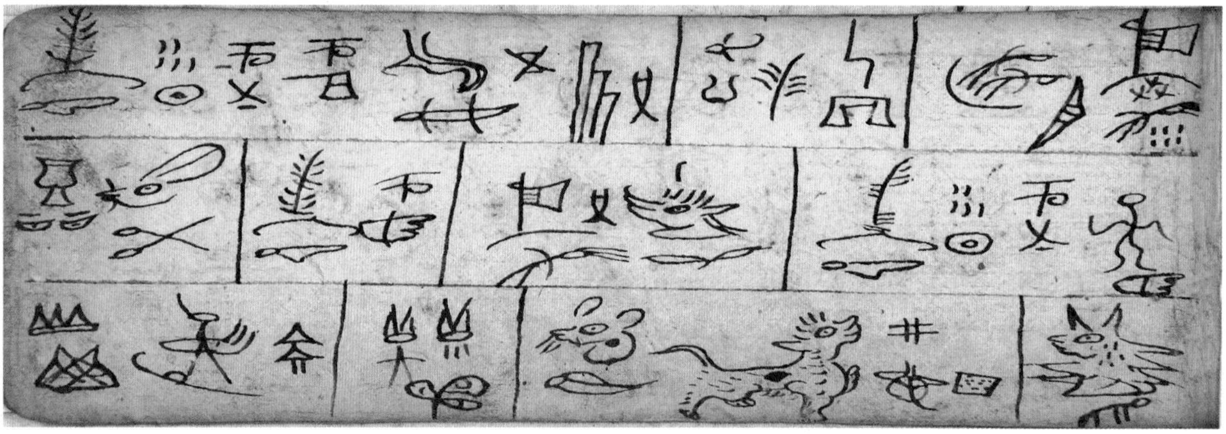

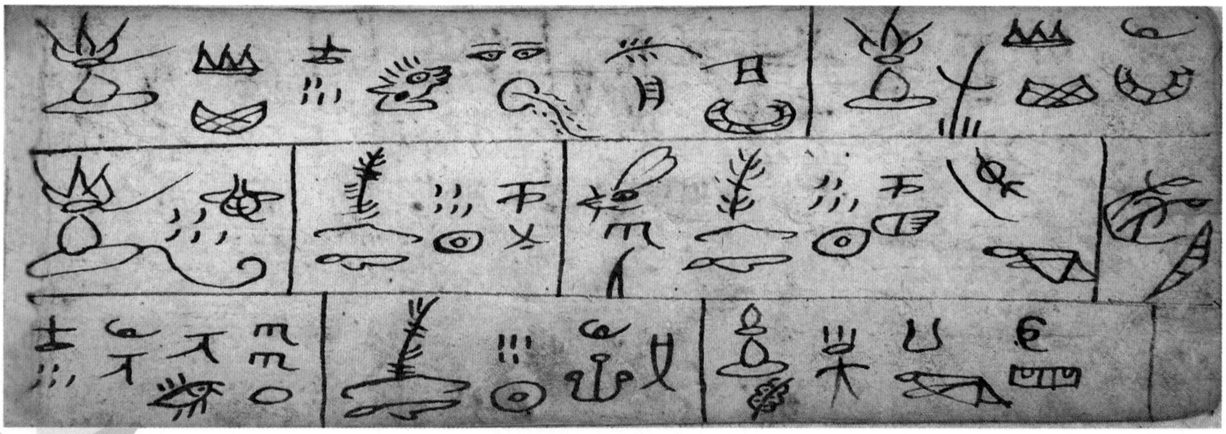

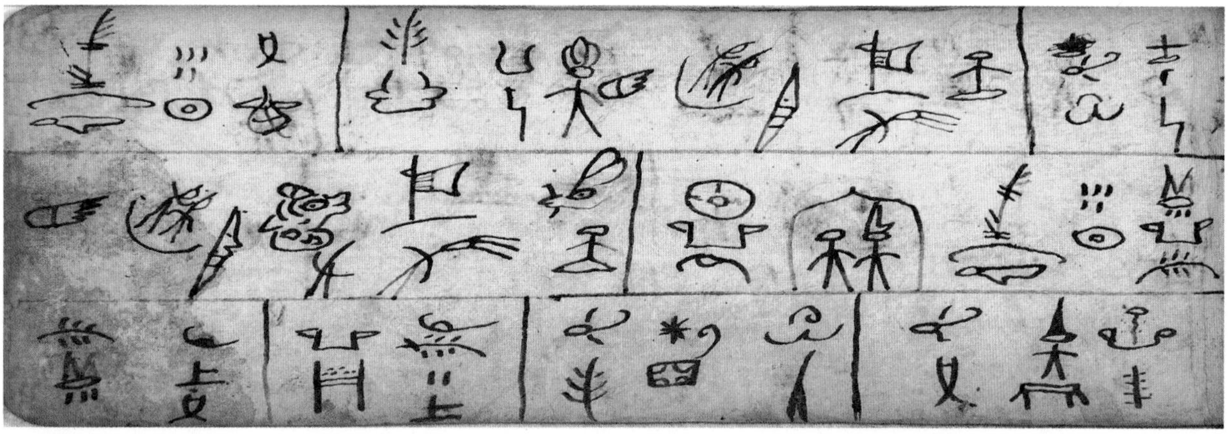

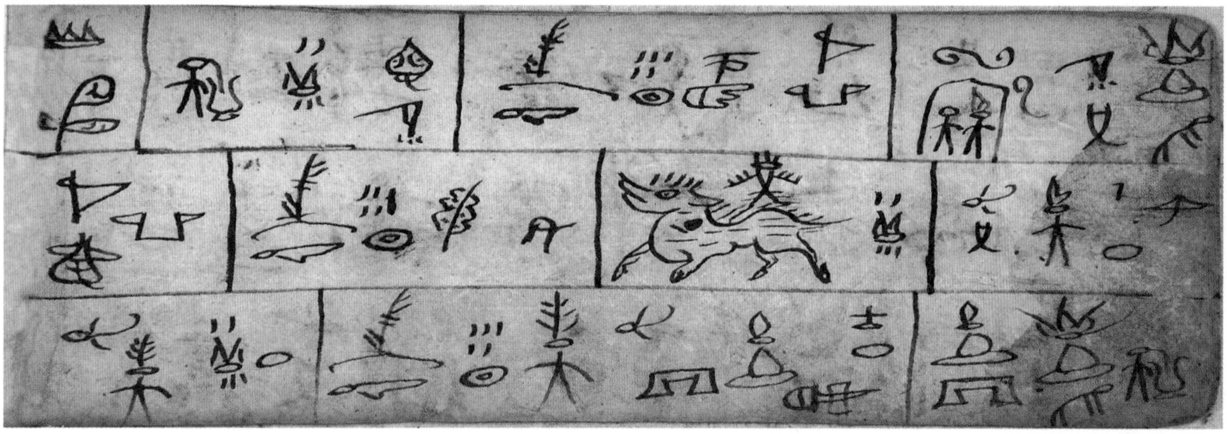

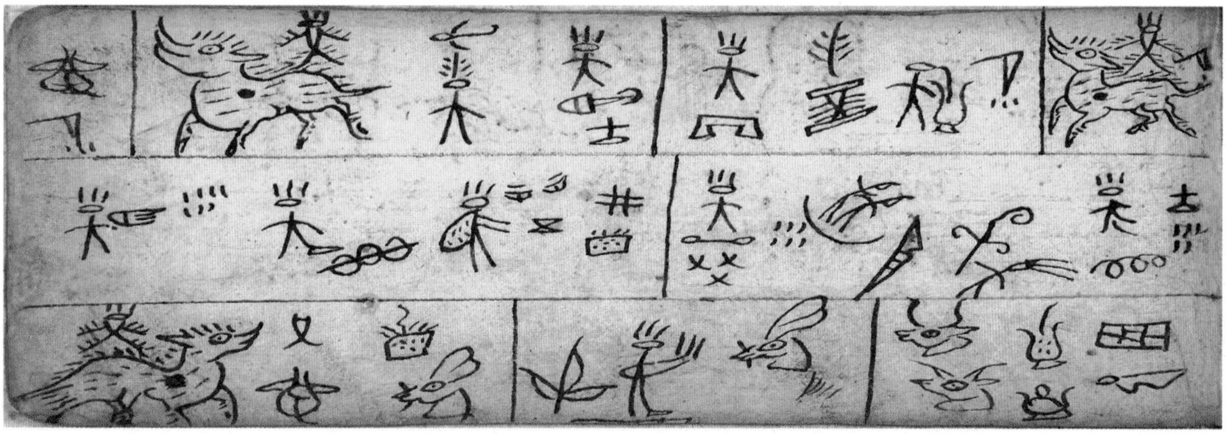

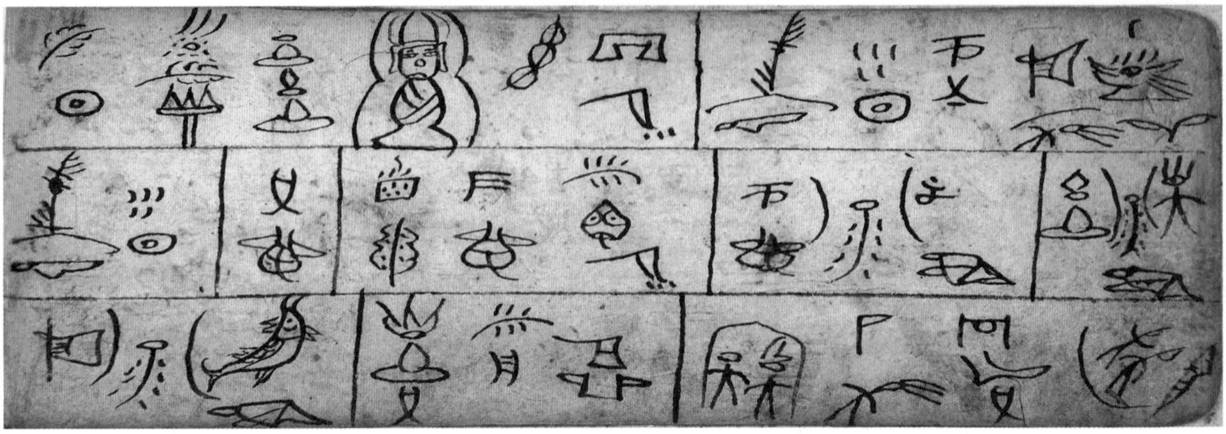

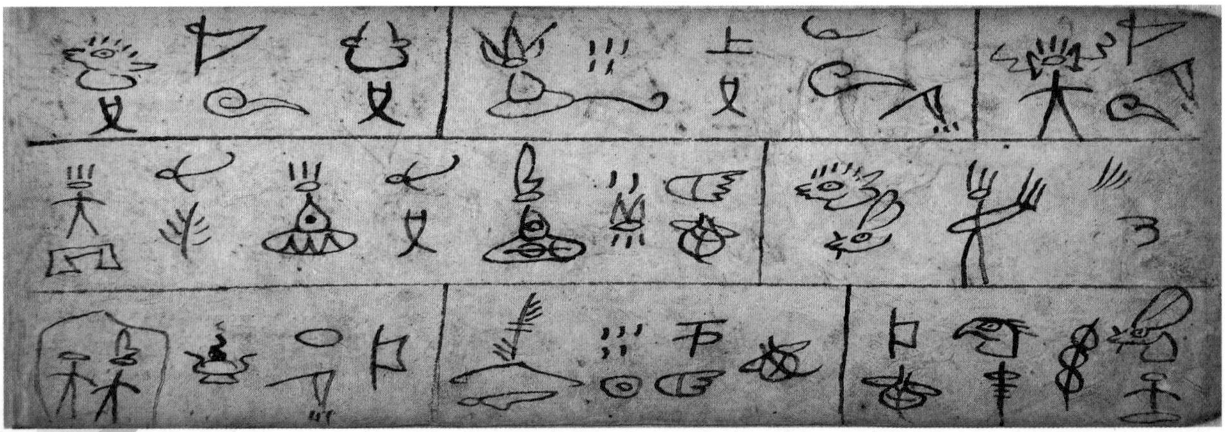

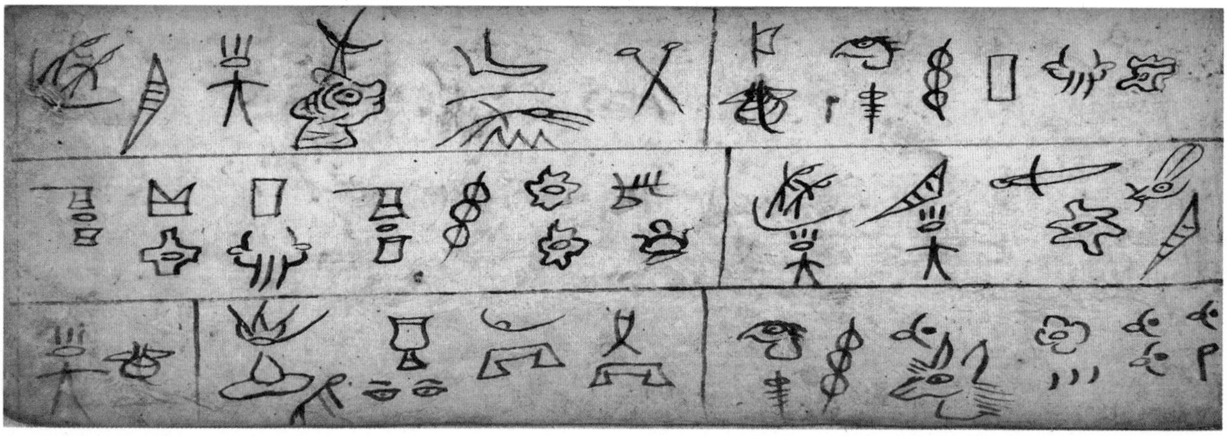

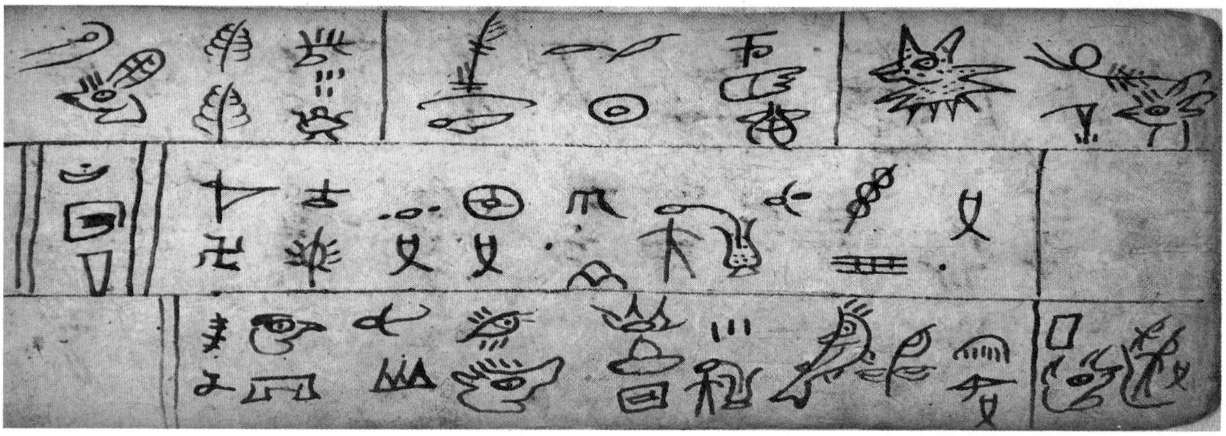

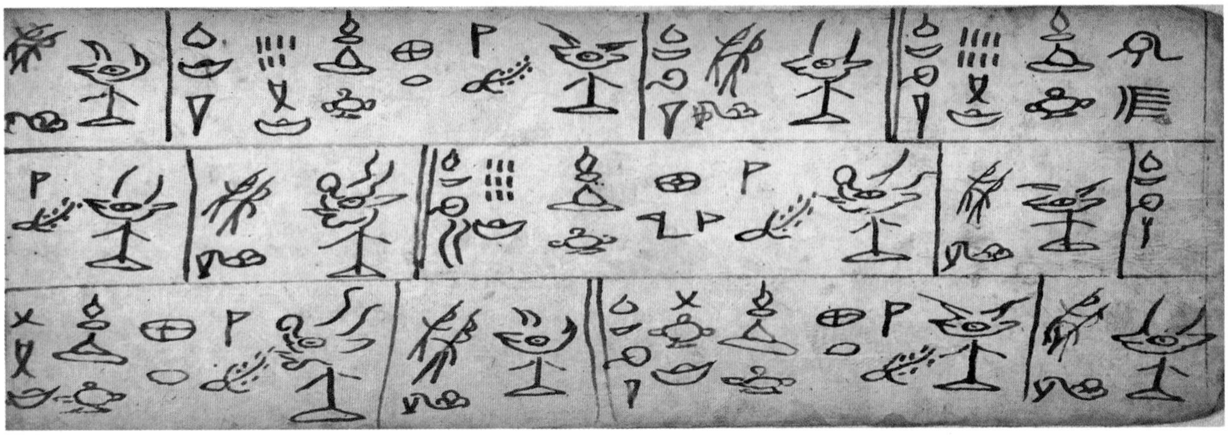

禳垛鬼仪式·垛鬼与铎鬼的来历·上卷

纳西族东巴教禳垛鬼仪式典籍。流传于云南省丽江市纳西族地区。分卷，仅存上卷，佚名撰。叙述从不同的地方、不同的鬼域里，都有可能施放出垛鬼和铎鬼来危害人类。1758年抄本，本色构皮纸，线订册叶装，墨书。页面高10厘米，广29厘米。有彩色封面。保存完好，今藏丽江玉龙纳西族自治县图书馆。

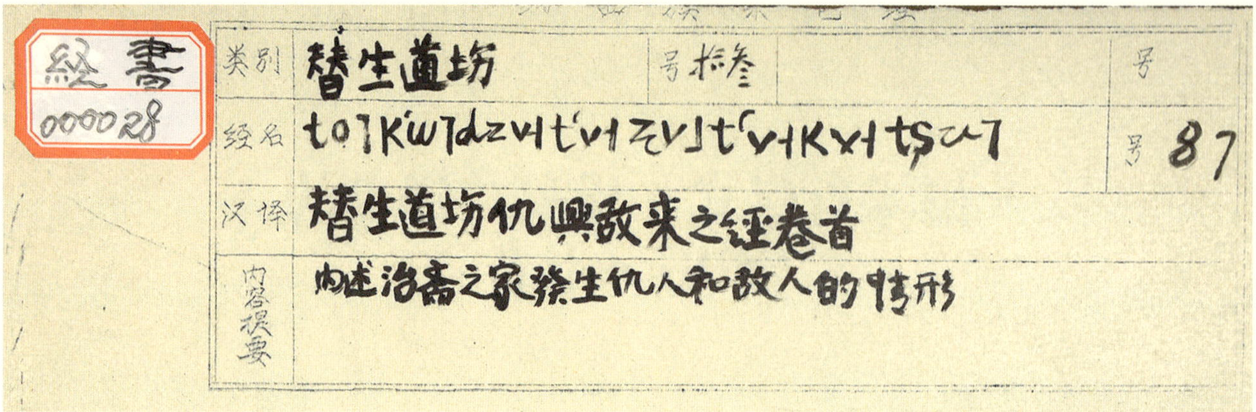
經書
000028

类别	替生道坊	号 标叁		号	
经名	to˧ kʻɯ˥ dzɯ˧ tʻɯ˧ zɯ˩ tʻɯ˧ kɯ˧ tʂɯ˥			号	87
汉译	替生道坊仇與敌来之經卷首				
内容提要	内述治斋之家發生仇人和敌人的情形				

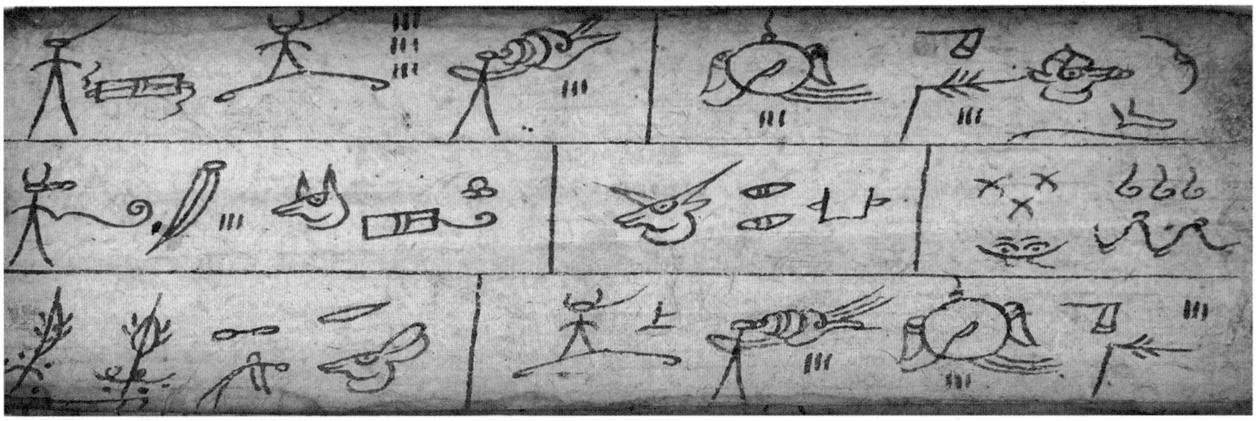

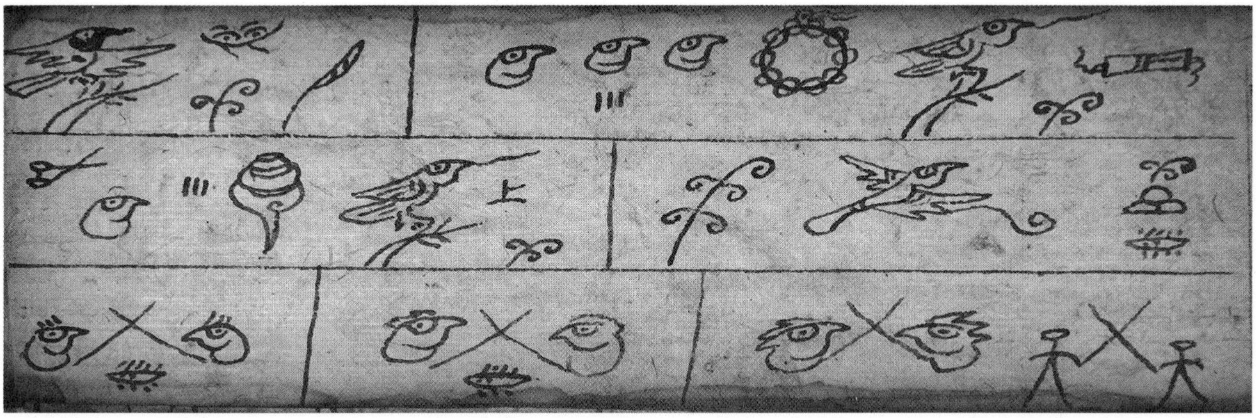
上

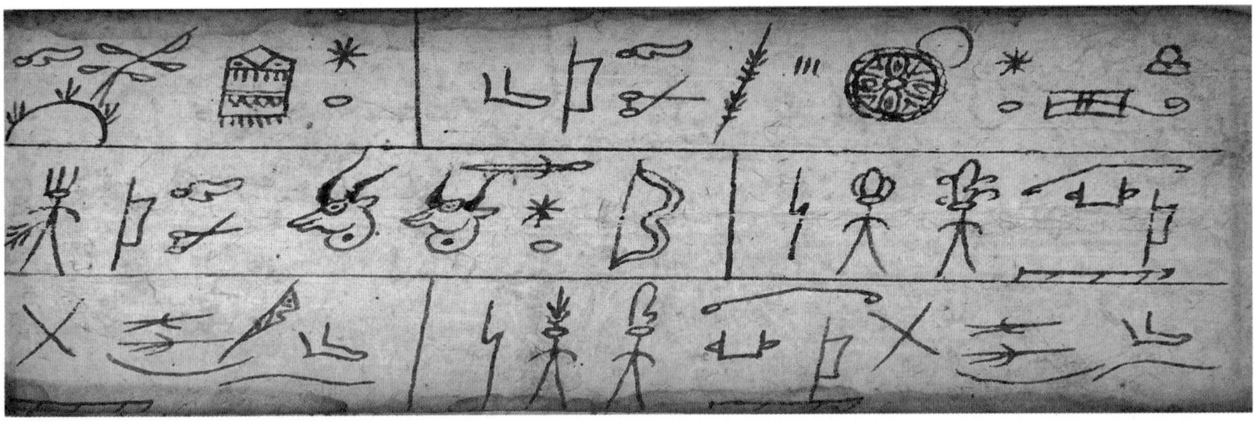

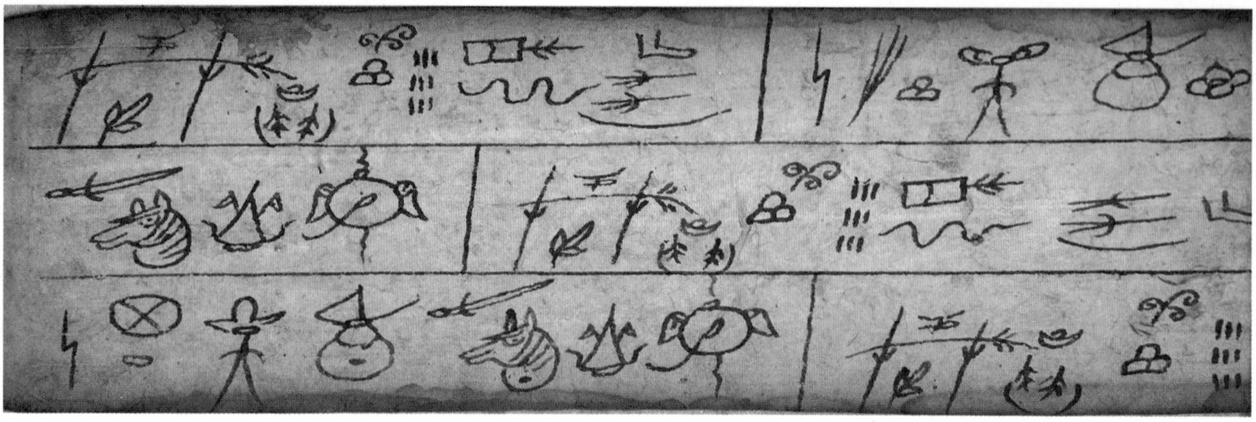

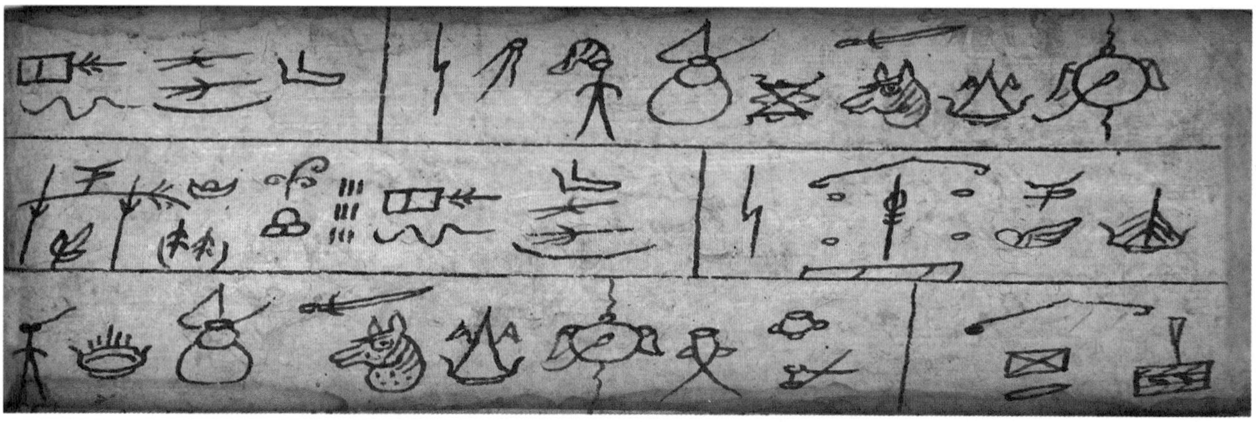

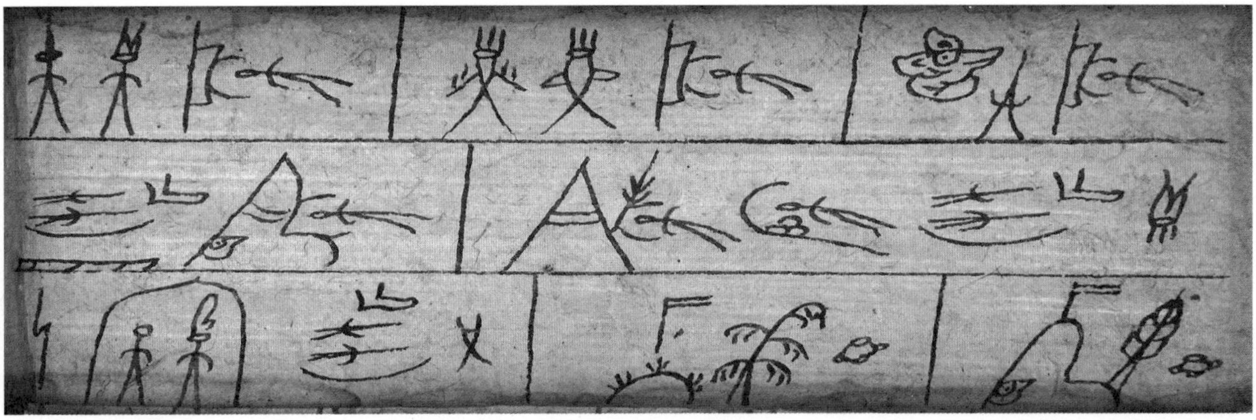

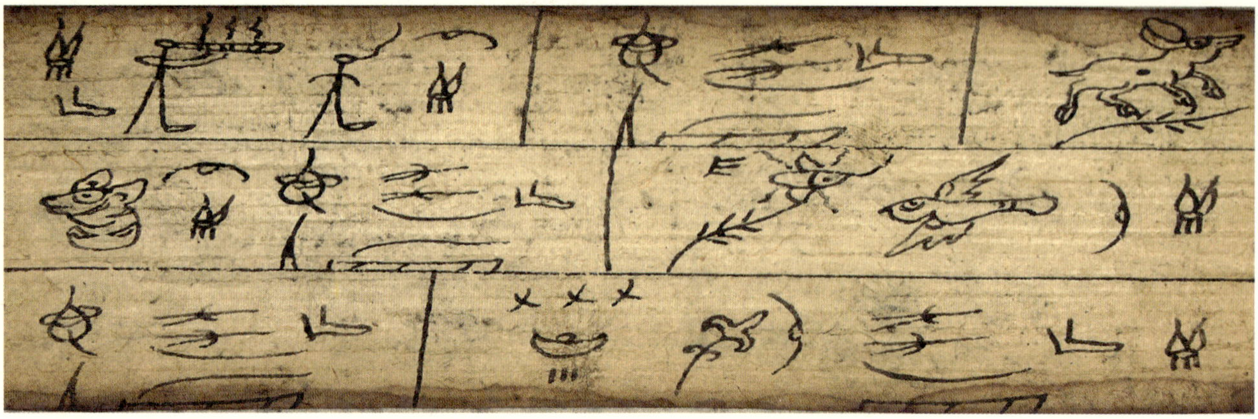

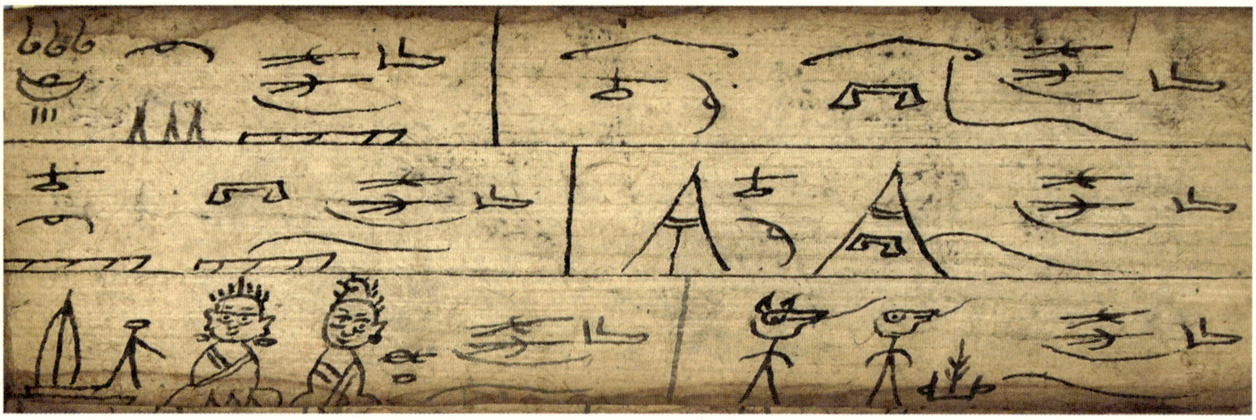

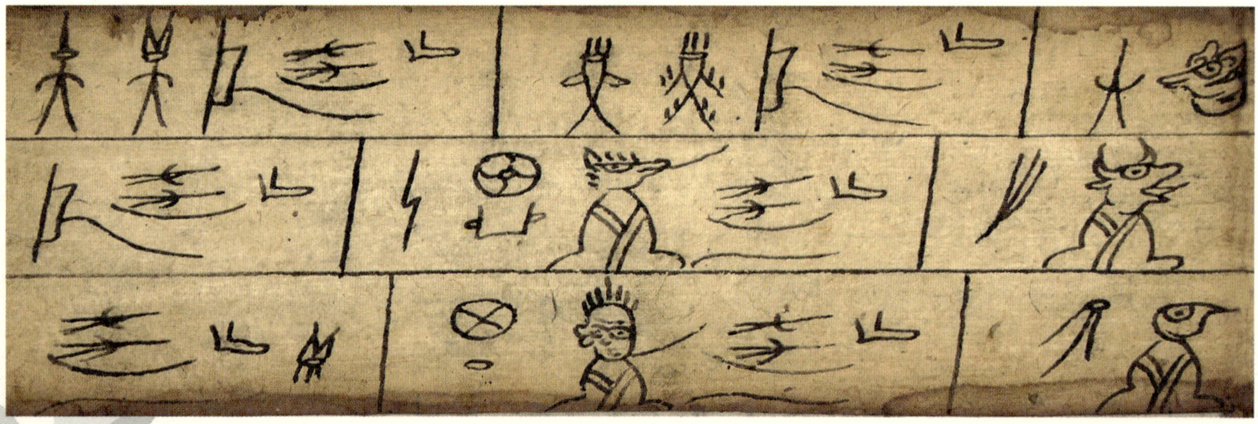

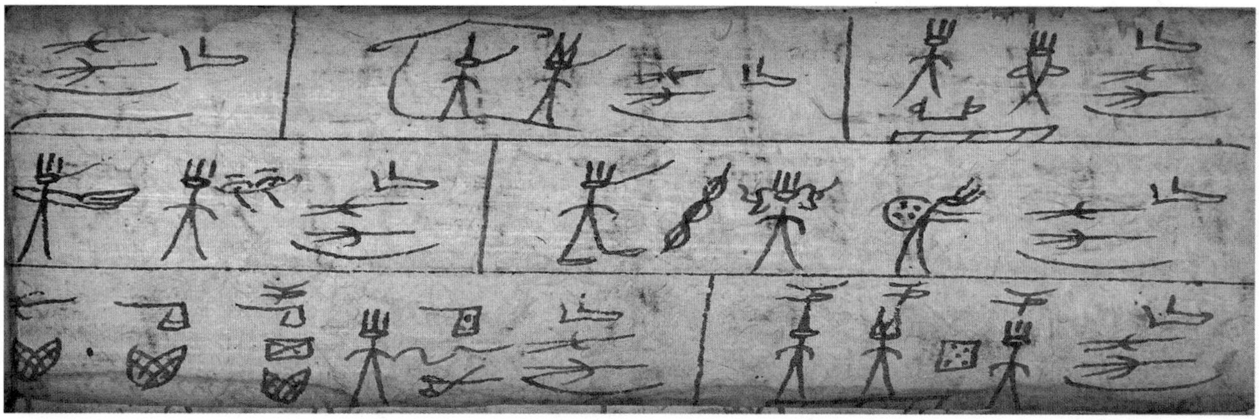

禳垛鬼仪式·把垛鬼驮于黑马抛到仇地

纳西族东巴教禳垛鬼仪式典籍。流传于云南省丽江市纳西族地区。不分卷，1册，佚名撰。记述世上万物变化万千，会变出危害人类的灾难，灾难的首领会无故向人们索债。祭祀主人要举行禳垛鬼仪式，把垛鬼驮在黑马身上，让黑马驮着灾难去往仇人居住的地方，以禳除主人家的灾难。本色构皮纸，线订册叶装，墨书。页面高9.2厘米，广29.5厘米。保存完好，今藏丽江玉龙纳西族自治县图书馆。

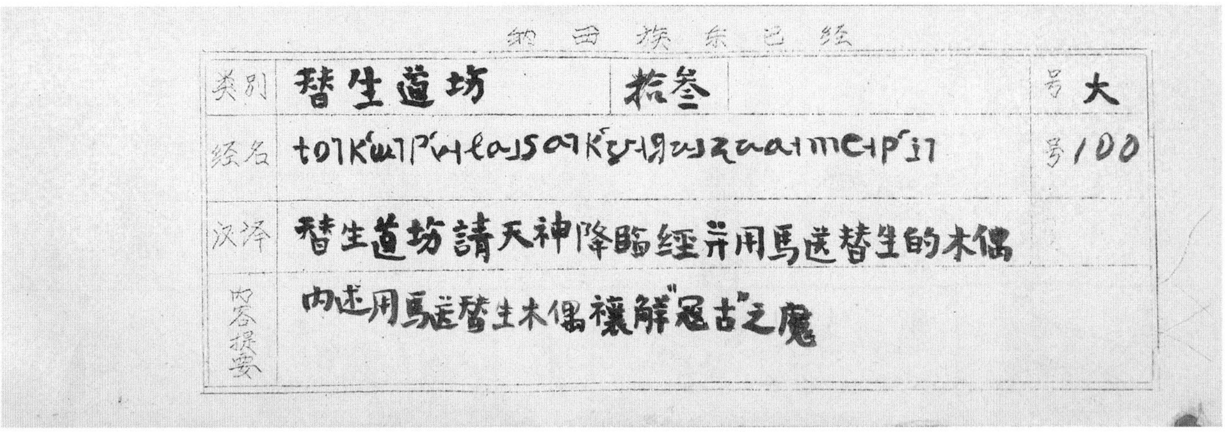

纳西族东巴经

类别	替生道场 拾叁	号	大
经名	to˧k'ɯ˩p'v˥tɑ˩sɑ˧k'y˧ɳi˩zua˧me˧p'i˩	号	100
汉译	替生道场請天神降臨經并用馬送替生的木偶		
内容提要	内述用馬送替生木偶禳解"冠古"之魔		

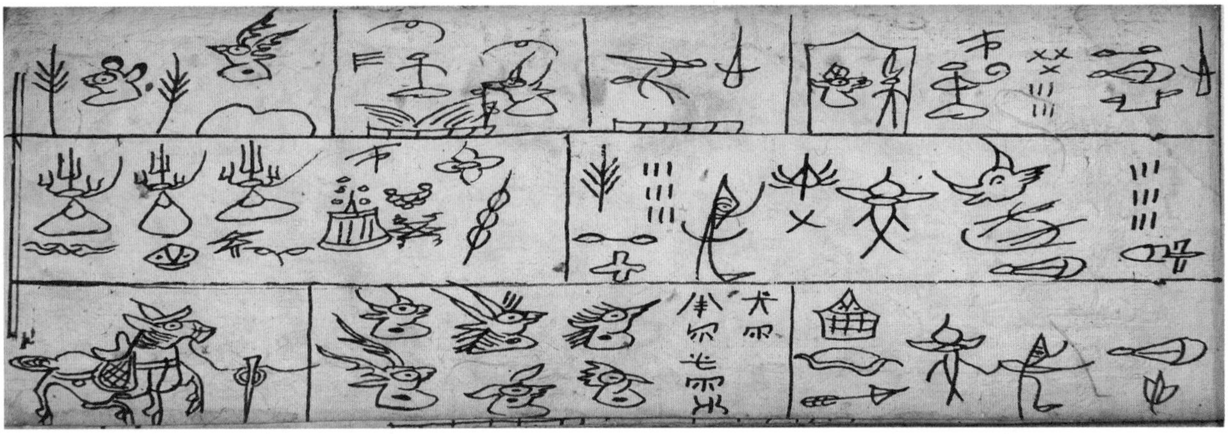

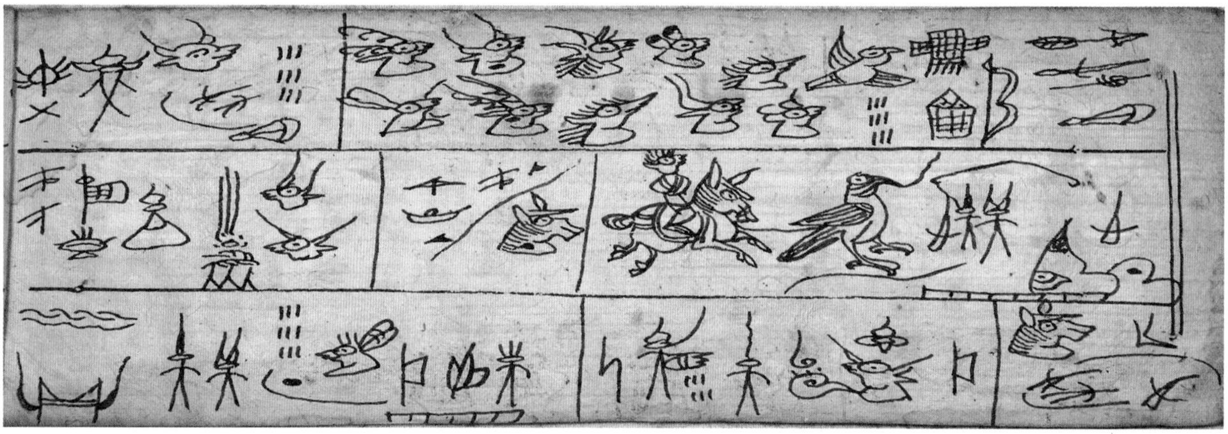

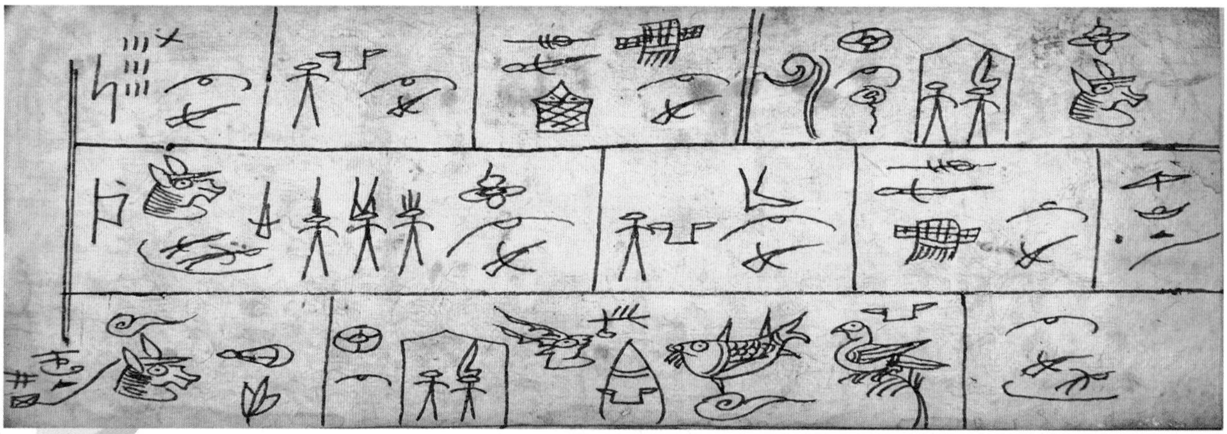

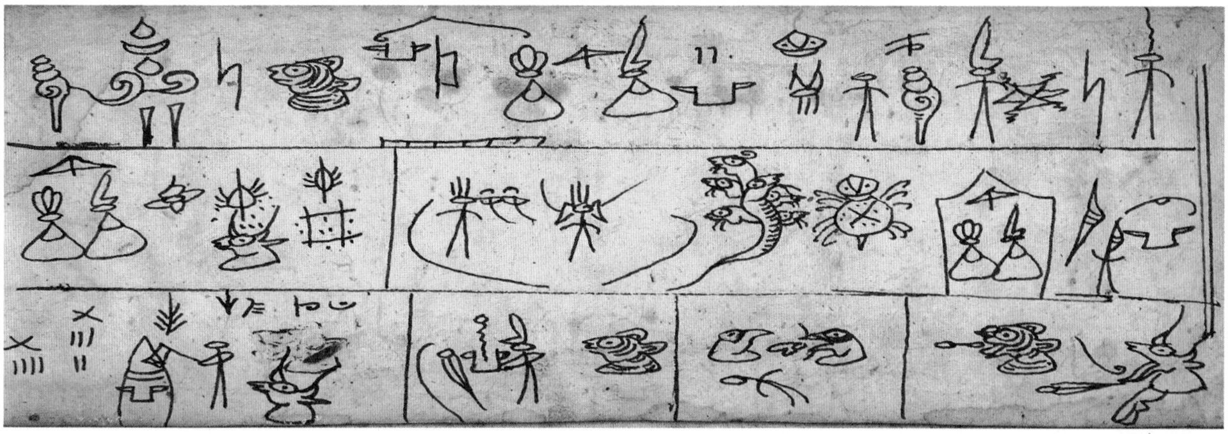

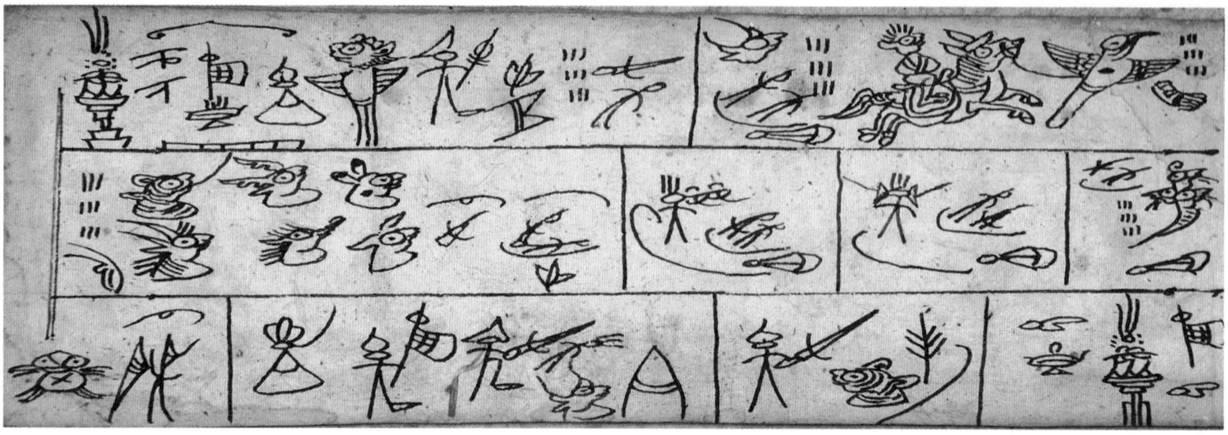

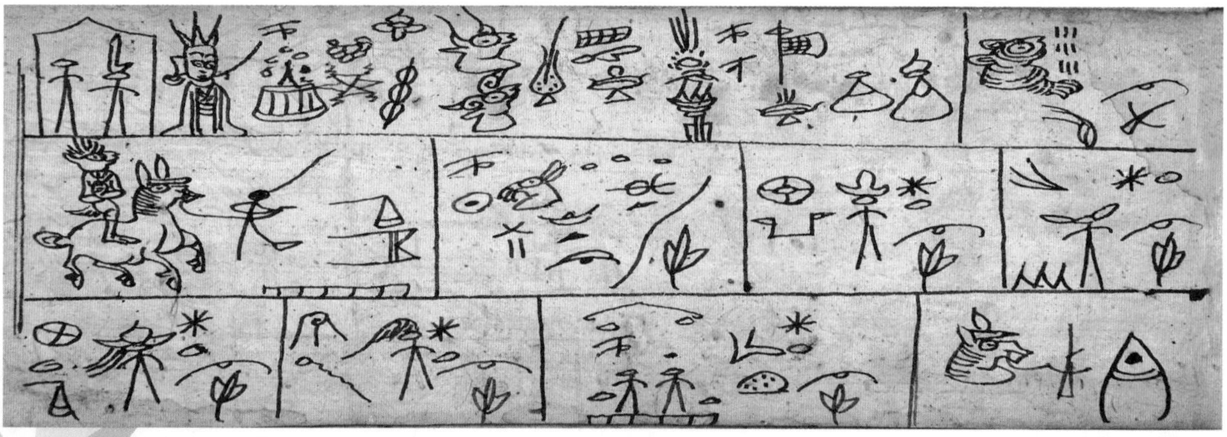

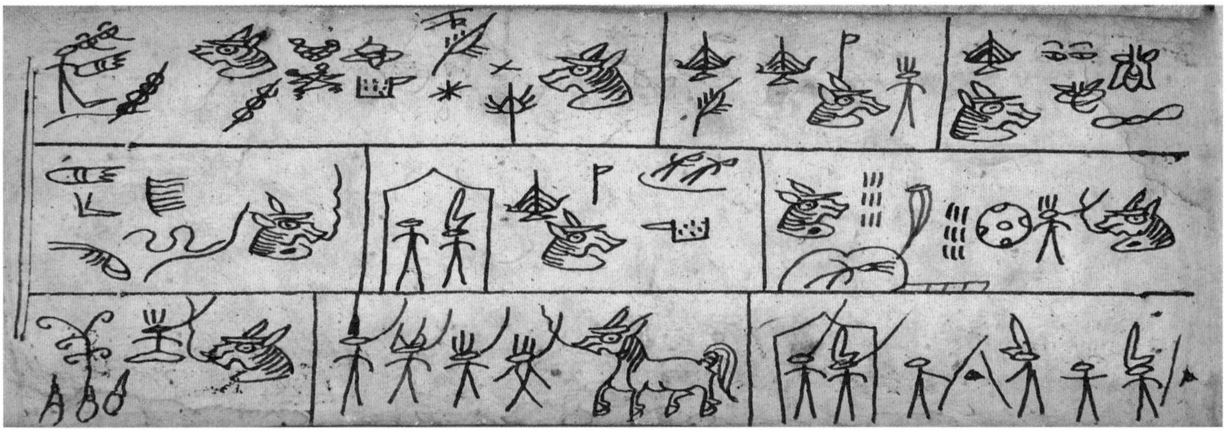

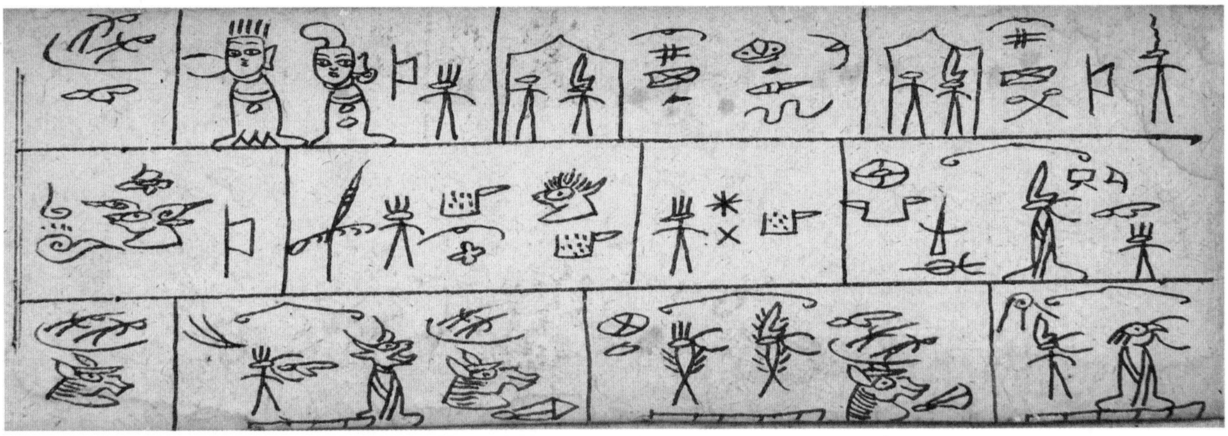

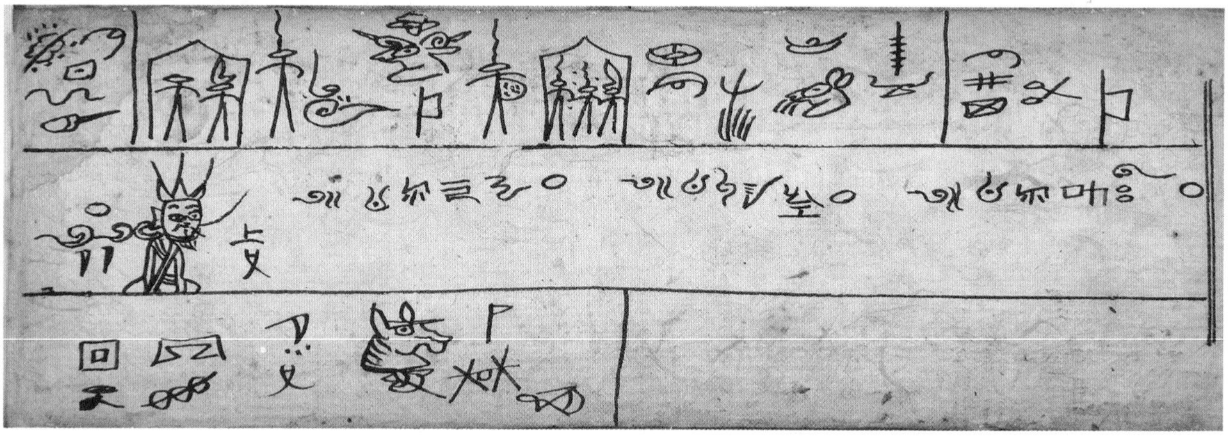

禳垛鬼仪式·黑马驮木偶经

纳西族东巴教禳垛鬼仪式典籍。流传于云南省丽江市纳西族地区。不分卷，1册，佚名撰。记述人在生活中遇到灾难，便用木偶当替身，祭祀主人脱下衣服、帽子、裤子、鞋子给木偶，让黑马驮着木偶，去往仇人居住的地方，以禳除主人家的灾难。本色构皮纸，线订册叶装，墨书。页面高9.2厘米，广30厘米。保存完好，今藏丽江玉龙纳西族自治县图书馆。

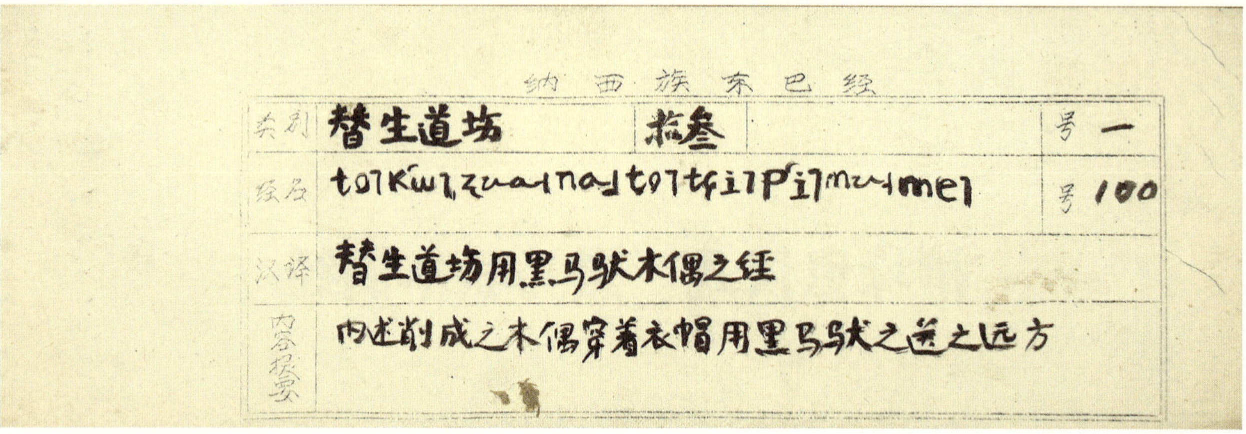

纳西族东巴经

类别	替生道场	拾叁	号	一
经名	to˥kʻɯ˩zua˧na˩to˥tɕi˥pʻi˥mu˧me˥		号	100
汉译	替生道场用黑马驮木偶之经			
内容提要	内述削成之木偶穿着衣帽用黑马驮之送之远方			

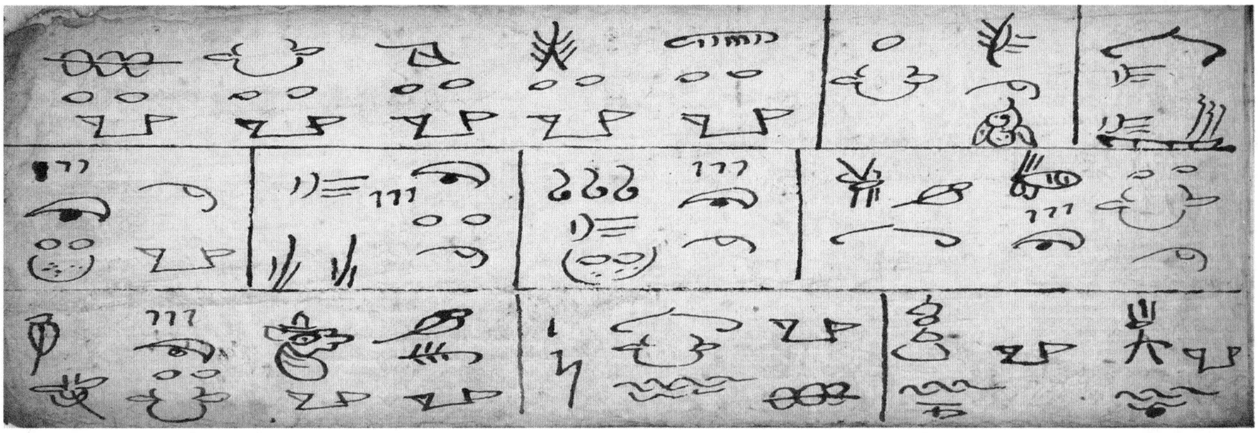

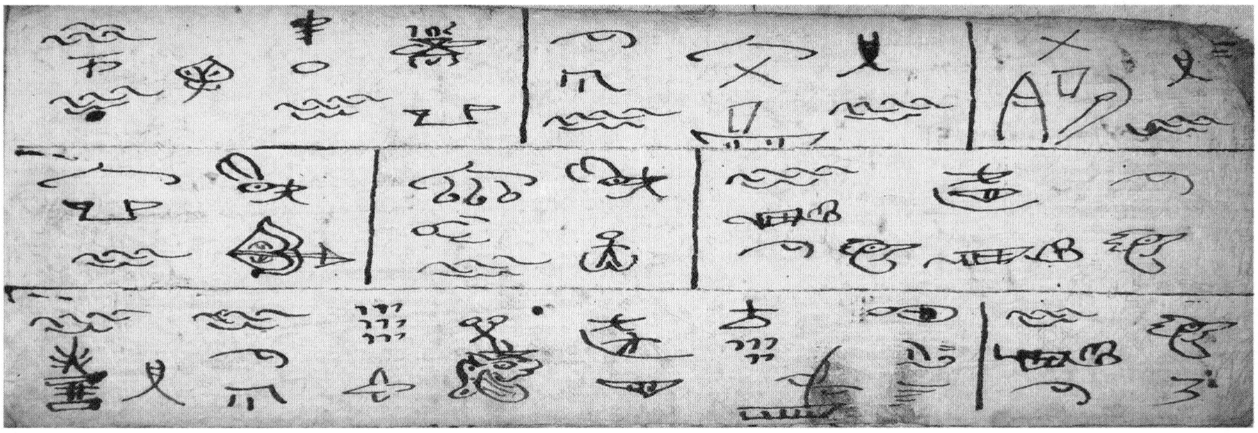

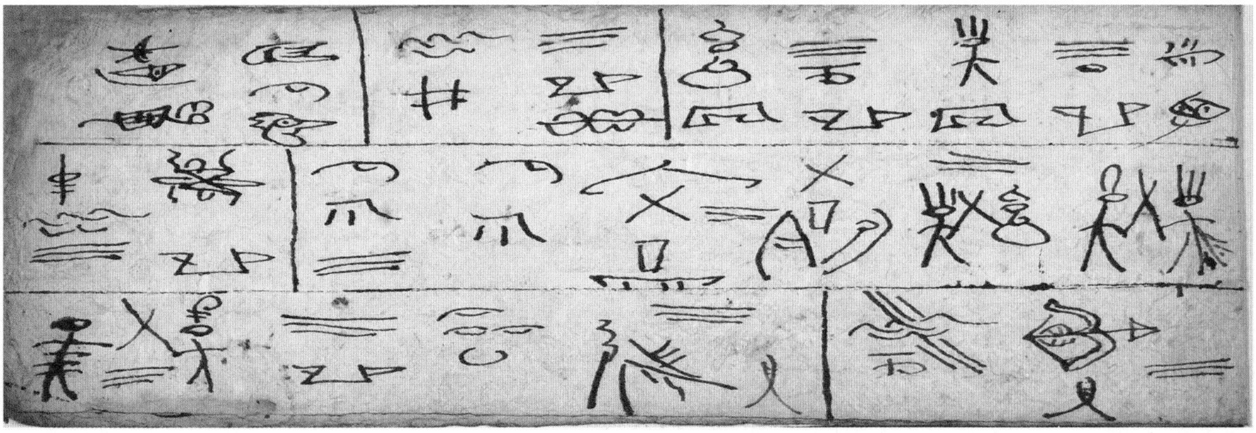

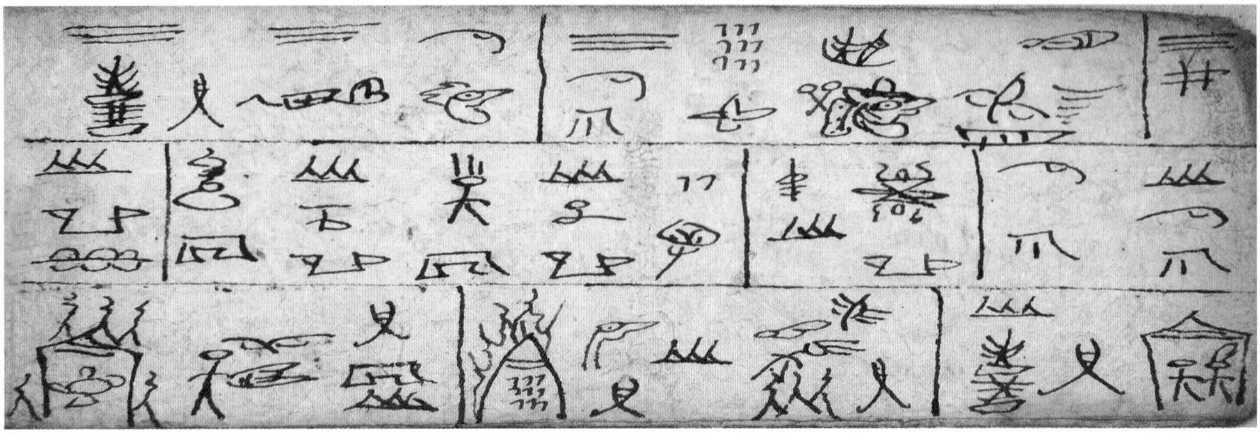

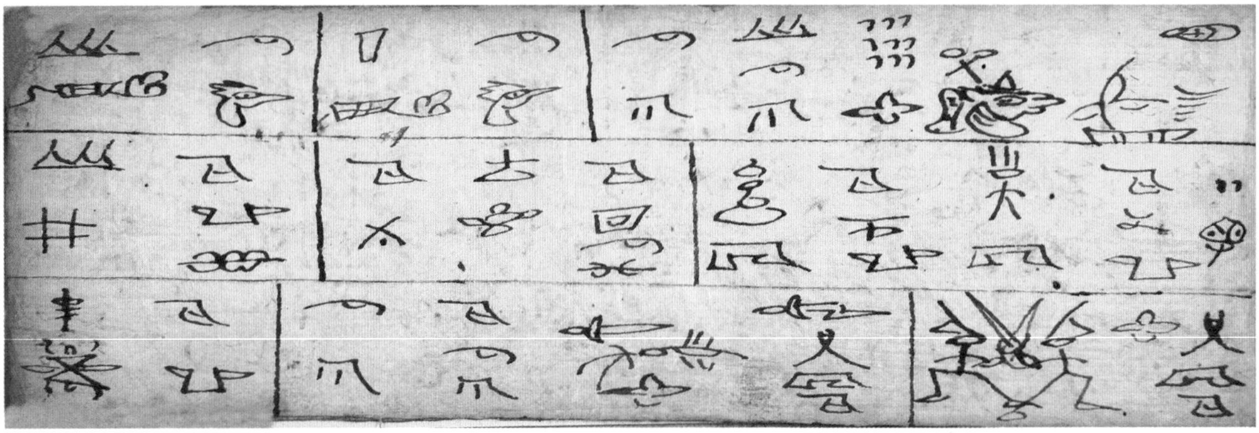

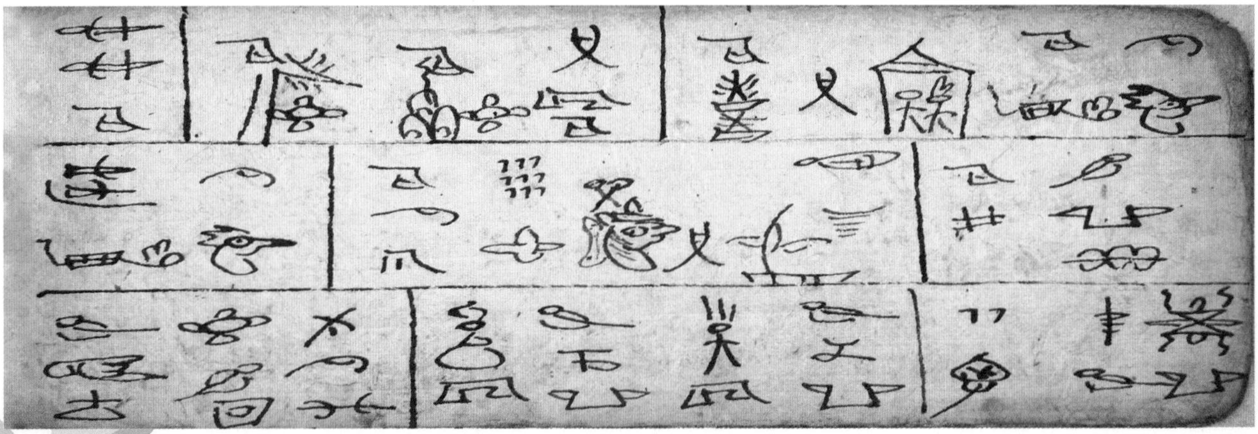

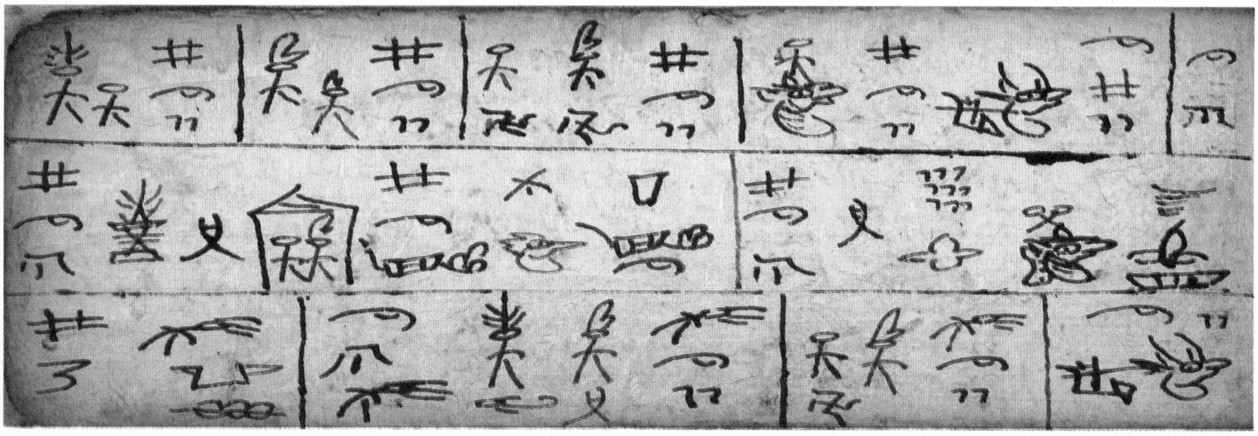

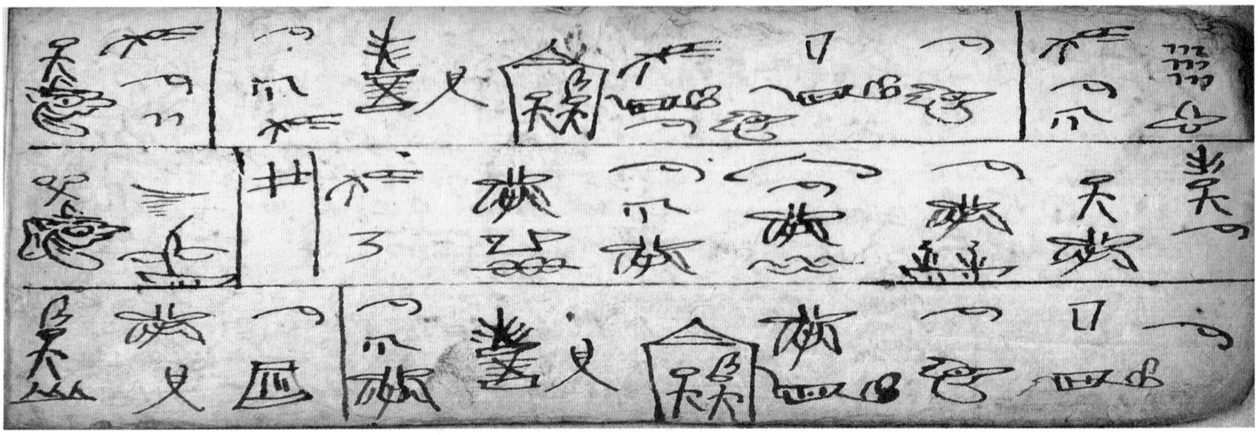

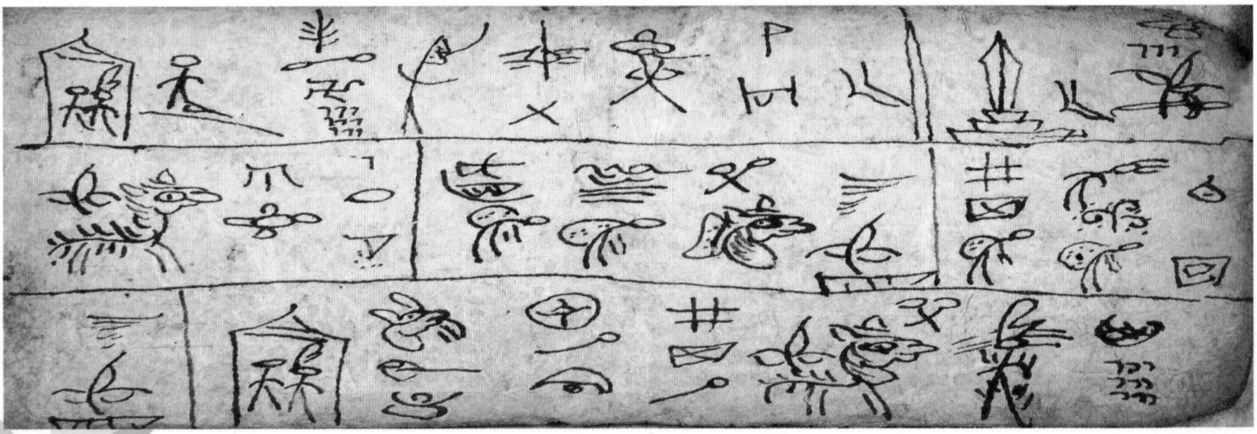

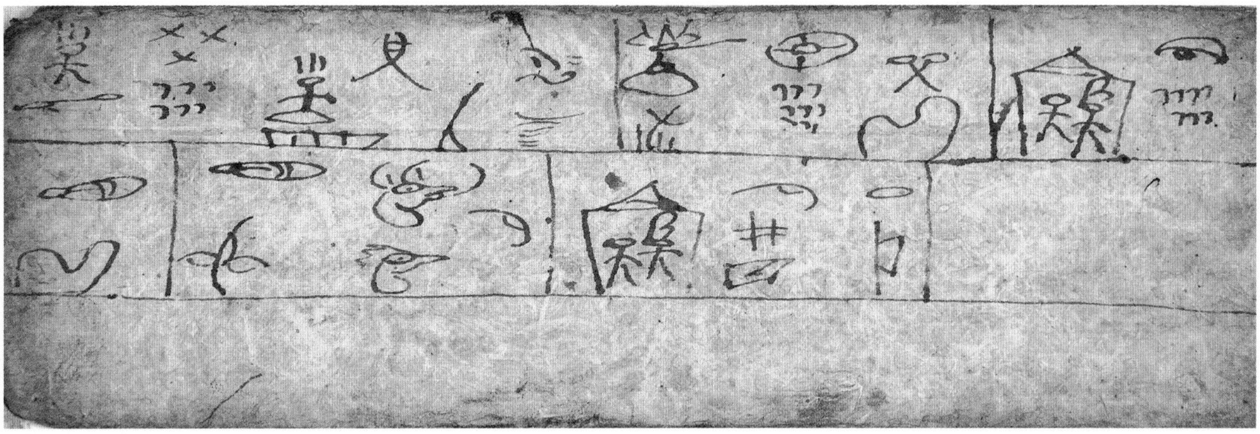

神路图

纳西族用于超度亡灵仪式的长幅画卷。流传于云南省丽江市纳西族地区。作为长幅布面卷轴画，一般宽16—30厘米，长10—20米。全卷以分段连续的形式，勾线填色的表现手法，用炭条起稿，按轮廓涂以矿物质或植物制作的颜料，有的调以适量白粉和胶水，然后用毛笔墨线勾勒。《神路图》主要用于丧葬时超度死者亡灵仪式，可分为地狱、人间、天堂三个部分，绘有360多个人、神、鬼及70多种奇禽怪兽。被称为我国美术史上最长的直幅长卷，享有“古代宗教绘画第一长卷”之誉，具有较高的文化和艺术研究价值。

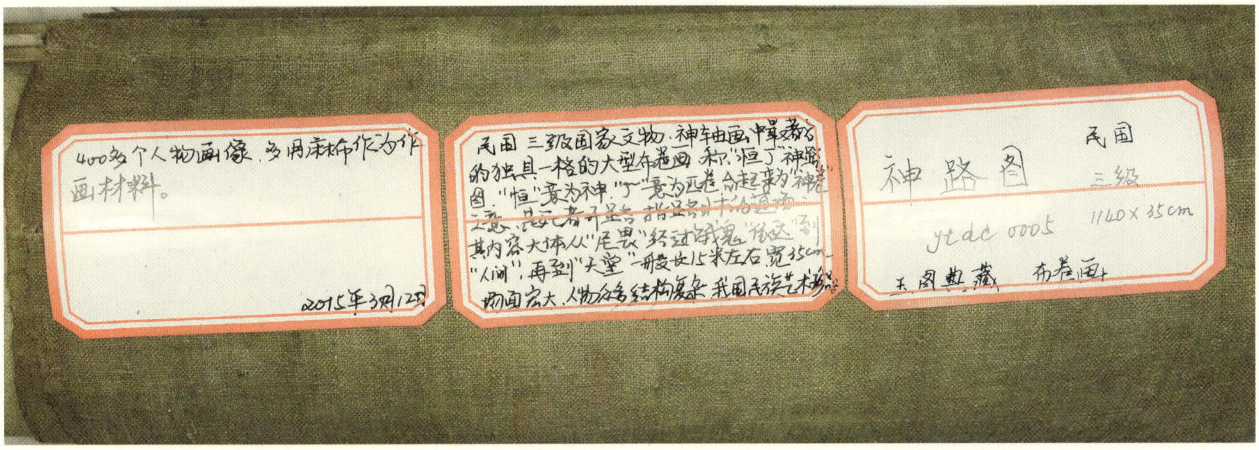

神路图（一）

外形尺寸：1140厘米×35厘米

绘制年代：民国

收藏单位：丽江市玉龙县图书馆

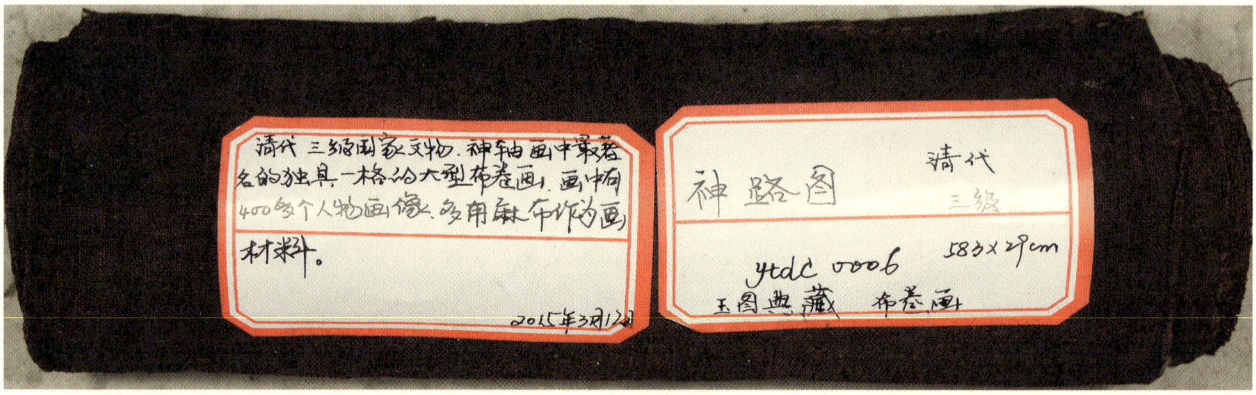

神路图（二）

外形尺寸：583厘米×29厘米

绘制年代：清代

收藏单位：丽江市玉龙县图书馆 。

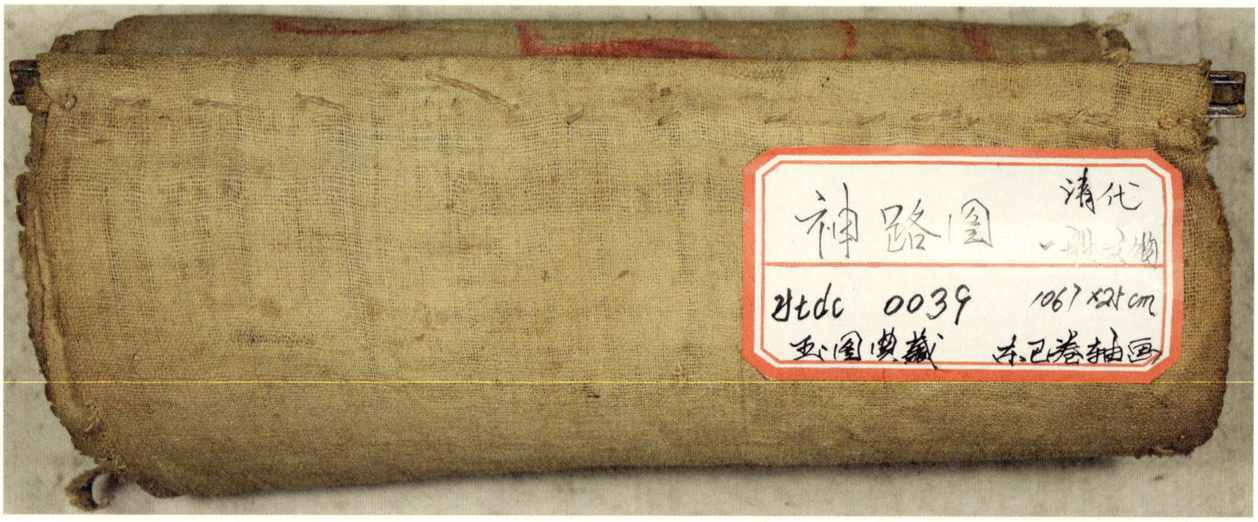

神路图（三）

外形尺寸：1067厘米×25厘米

绘制年代：清代

收藏单位：丽江市玉龙县图书馆

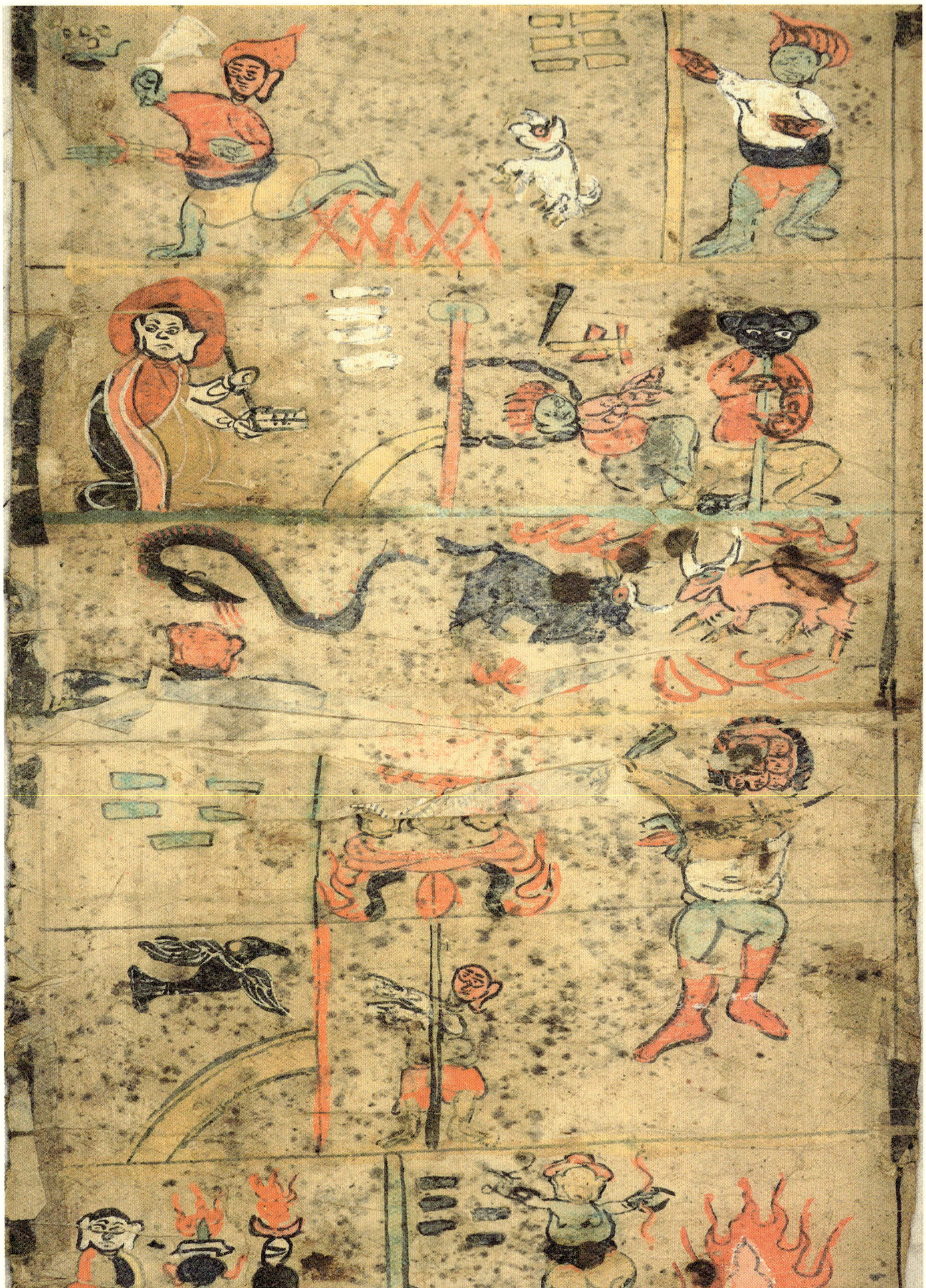

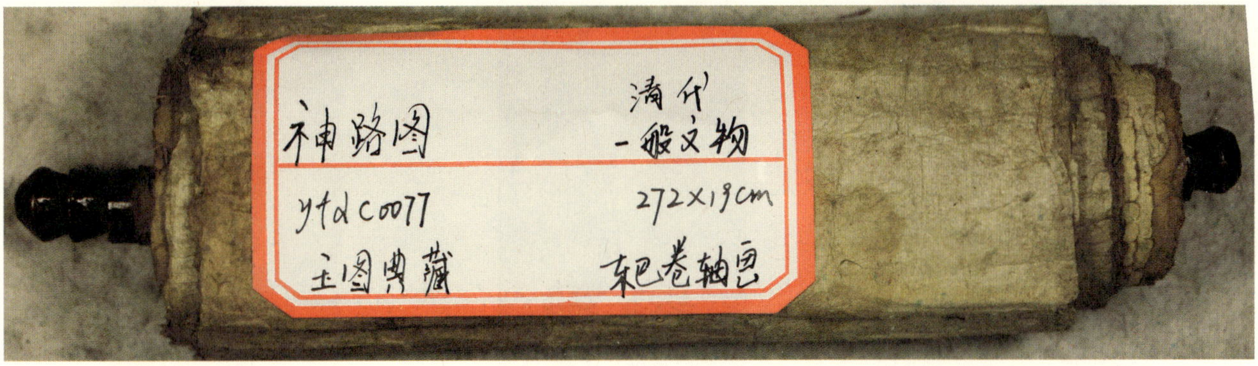

神路图（四）

外形尺寸：272厘米×19厘米

绘制年代：清代

收藏单位：丽江市玉龙县图书馆

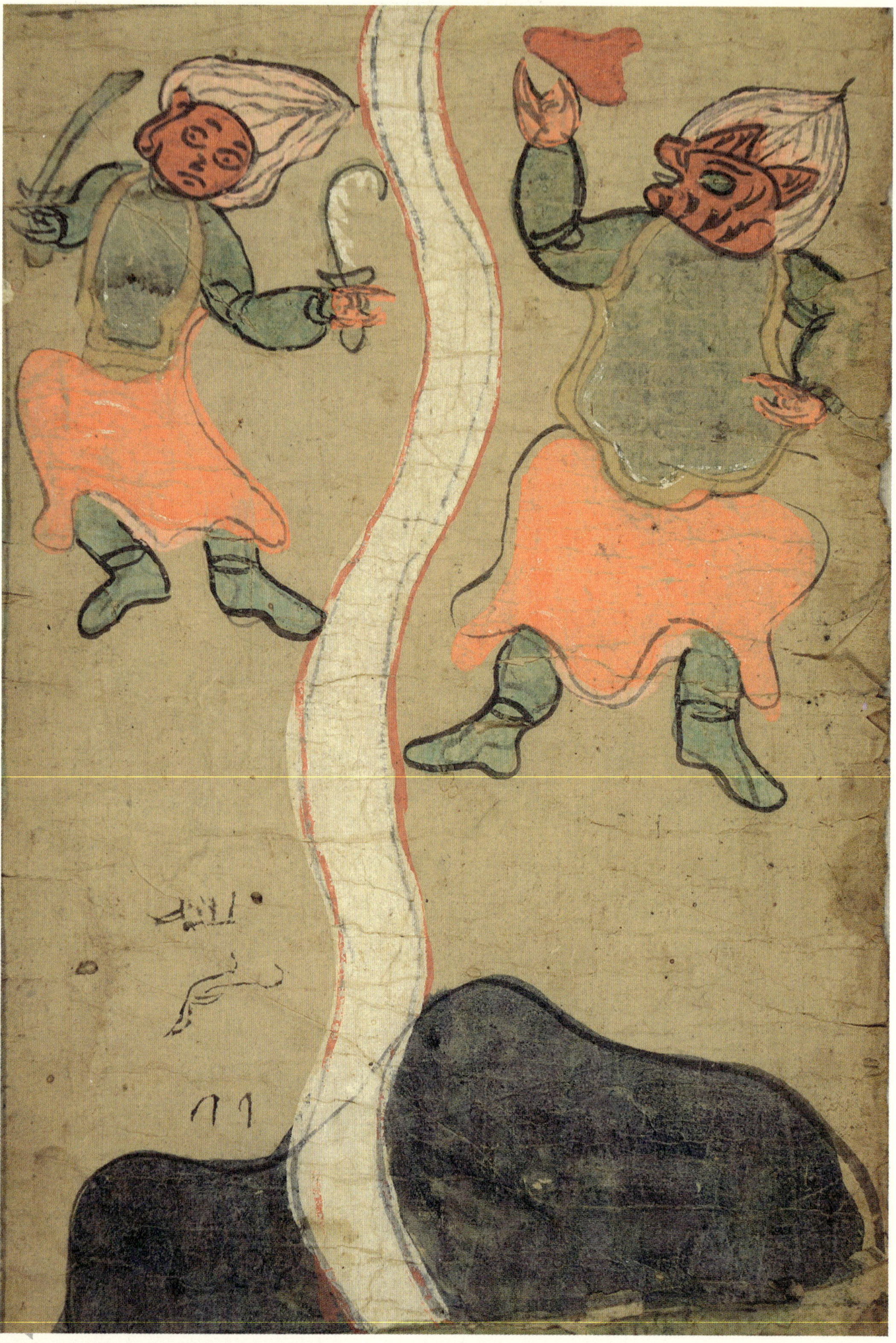

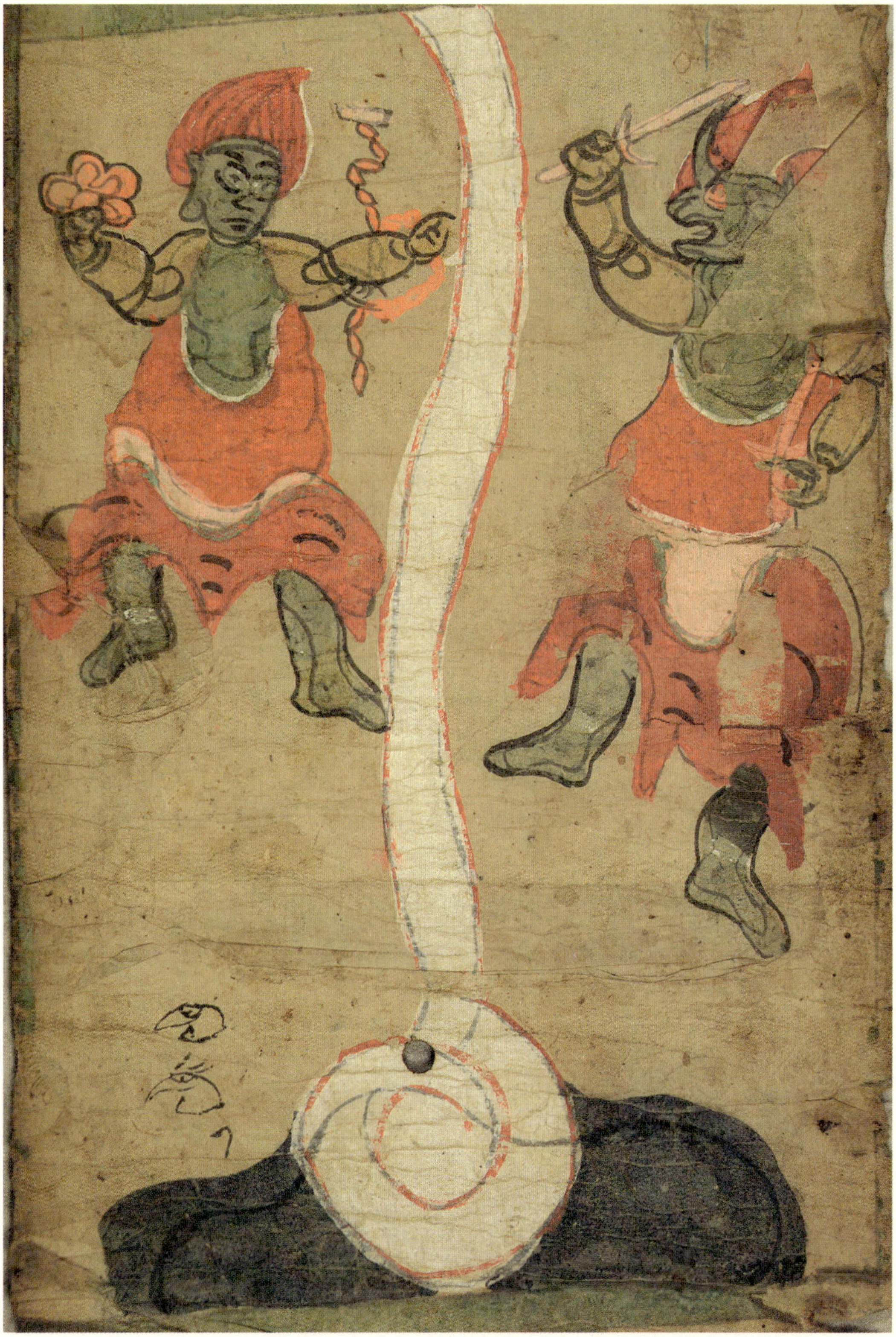

神路图（五）

外形尺寸：334厘米×23厘米

绘制年代：清代

收藏单位：丽江市玉龙县图书馆。

卷轴画

卷轴画，纳西语叫“普劳幛”，是东巴用矿物质颜料绘制于土布上的神像画，数量众多，有长卷、多幅和独幅等多种，是东巴绘画艺术跨入发达阶段而趋于精熟的标志。每幅卷轴画主要画一尊大神或护法神，大神画有萨依威德、依古阿格、恒迪窝盘和祖师东巴什罗、药神、战神等，每幅卷轴画表现某个神祇及其所居的神界。画的形式很像汉人唐宋时的佛画尊像，也有明清藏传唐卡的作风。卷轴画用于东巴教仪式中挂于神坛正上方，不同仪式所挂的神像不尽相同。代表作品有《东巴什罗》《格控都支》《朗究敬究战神》《卡冉战神》《优麻战神》等。本书收录54幅丽江玉龙纳西族自治县图书馆收藏的卷轴画。

东巴什罗

外形尺寸：88厘米×66厘米

绘制年代：清代

东巴什罗

外形尺寸：62厘米×45厘米

绘制年代：清代

东巴什罗

外形尺寸：86厘米×47厘米

绘制年代：清代

东巴什罗

外形尺寸：140厘米×86厘米

绘制年代：清代

谷 神

外形尺寸：68厘米×41厘米

绘制年代：清代

谷　神

外形尺寸：52厘米×43厘米

绘制年代：清代

谷 神

外形尺寸：62厘米×43厘米

绘制年代：清代

众神图

外形尺寸：116厘米×85厘米

绘制年代：清代

众神图

外形尺寸：84厘米×64厘米

绘制年代：清代

众神图

外形尺寸：100厘米×75厘米

绘制年代：清代

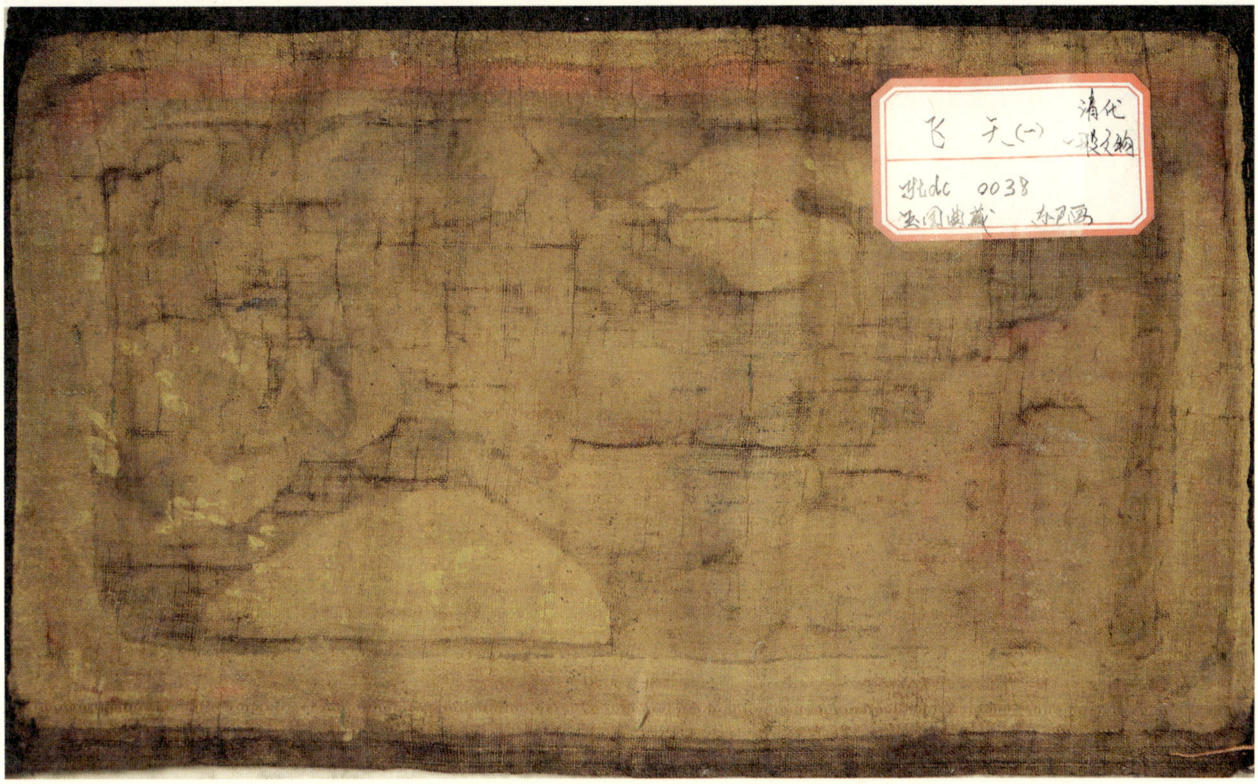

盘孜沙美女神

外形尺寸：47厘米×29厘米

绘制年代：清代

飞天(二)
清代
0038
东巴画

盘孜沙美女神

外形尺寸：23厘米×57厘米

绘制年代：清代

沈神和卢神

外形尺寸：93厘米×27厘米

绘制年代：清代

三多神

外形尺寸：104厘米×60厘米

绘制年代：清代

格控战神

外形尺寸：77厘米×47厘米

绘制年代：清代

格控战神

外形尺寸：75厘米×52厘米

绘制年代：清代

朗究敬究战神

外形尺寸：70厘米×49厘米

绘制年代：清代

朗究敬究战神

外形尺寸：55厘米×42厘米

绘制年代：清代

朗究敬究战神

外形尺寸：70厘米×49厘米

绘制年代：清代

朗究敬究

外形尺寸：63厘米×50厘米

绘制年代：清代

朗究敬究战神

外形尺寸：117厘米×62厘米

绘制年代：清代

卡冉战神

外形尺寸：77厘米×60厘米

绘制年代：明代

卡冉战神

外形尺寸：89厘米×57厘米

绘制年代：清代

卡冉战神

外形尺寸：68厘米×56厘米

绘制年代：清代

卡冉战神

外形尺寸：71厘米×57厘米

绘制年代：清代

卡冉战神

外形尺寸：87厘米×46厘米

绘制年代：清代

瑞格战神

外形尺寸：80厘米×46厘米

绘制年代：清代

帽米巴拉

外形尺寸：52厘米×38厘米

绘制年代：清代

五方修曲大鹏

外形尺寸：65厘米×40厘米

绘制年代：清代

扭扭优麻战神

外形尺寸：73厘米×53厘米

绘制年代：清代

佐体优麻战神

外形尺寸：88厘米×50厘米

绘制年代：清代

佐体优麻战神

外形尺寸：74厘米×45厘米

绘制年代：清代

佐体优麻战神

外形尺寸：77厘米×51厘米

绘制年代：清代

突赤优麻战神

外形尺寸：70厘米×54厘米

绘制年代：清代

突赤优麻战神

外形尺寸：71厘米×45厘米

绘制年代：清代

突赤优麻战神

外形尺寸：71厘米×45厘米

绘制年代：清代

巴乌优麻战神

外形尺寸：85厘米×63厘米

绘制年代：清代

优麻战神

外形尺寸：78厘米×57厘米

绘制年代：清代

青龙与黄龙

外形尺寸：119厘米×25厘米

绘制年代：清代

绿龙

外形尺寸：

96厘米×28厘米

绘制年代：清代

青龙与绿龙

外形尺寸：110厘米×29厘米

绘制年代：清代

青龙与绿龙

外形尺寸：

104厘米×28厘米

绘制年代：清代

青龙

外形尺寸：

120厘米×22厘米

绘制年代：清代

青龙

外形尺寸：

119厘米×29厘米

绘制年代：清代

纸牌画

把各种神像画于特制的硬纸牌上，用于东巴宗教仪式中的一类东巴画。依内容、形式和大小可将其分为四类：一是五方战神纸牌画。此类最为常见，一套共五张，尺寸大小与东巴经书相似。二是纸牌上拴线的战神、动物纸牌画。形制略小，有着色的也有素描的，内容有“修曲”神鸟斗恶署、优麻战神、金色巨蛙等。三是纸牌四角拴线相连成串的纸牌画，包括与各种卜卦相对应的占卜类纸牌画。四是东巴头上戴的五幅冠。用多层厚纸裱拓而成，各套内容不尽相同，中幅一般画一尊大神或祖师东巴什罗，两旁四幅画四尊护法神，也有画五尊五方神明东巴的。五幅冠装饰浓烈，色彩富丽。

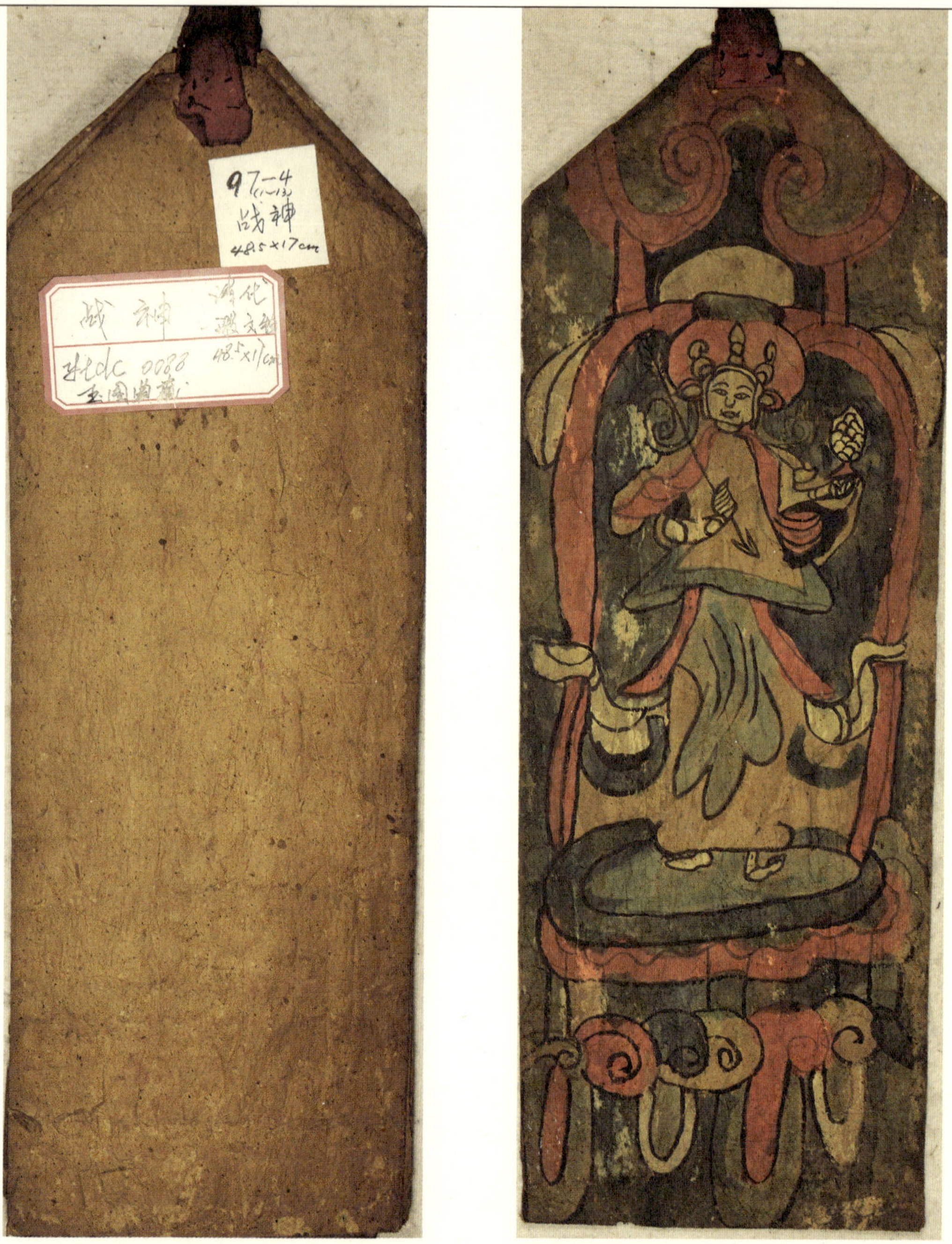

战神纸牌画

外形尺寸：48.5厘米×17厘米（一套十三幅）

绘制年代：清代

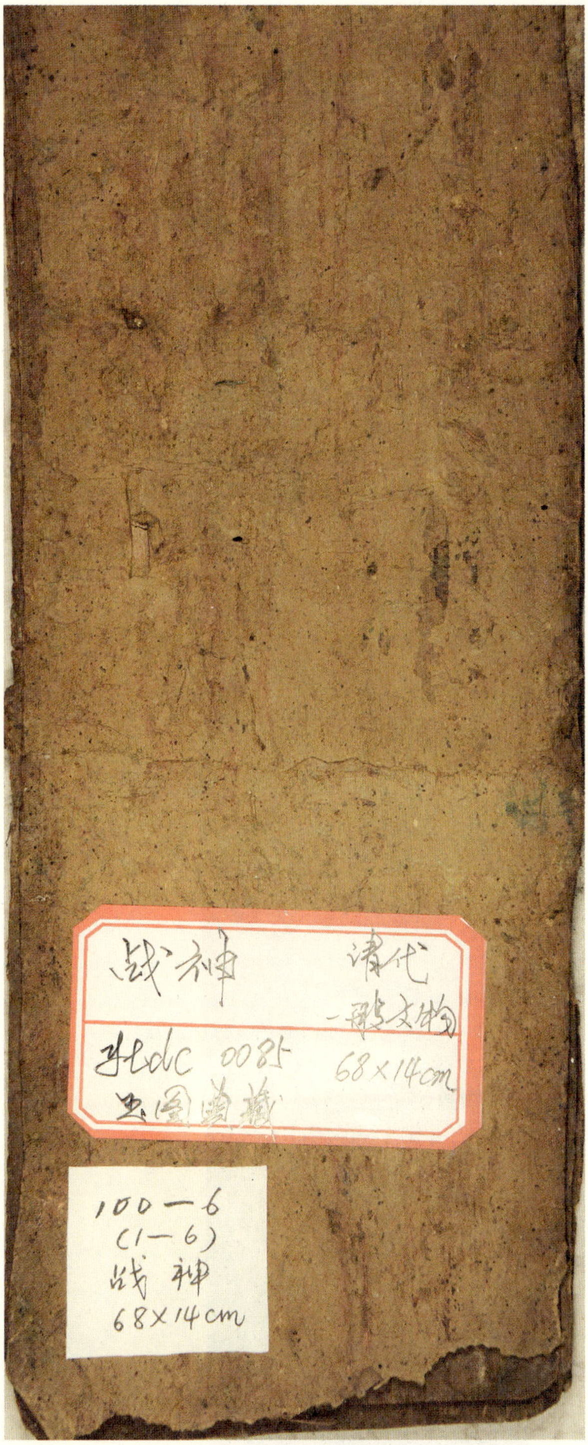

战神纸牌画

外形尺寸：68厘米×14厘米

（一套六幅）

绘制年代：清代

五方神明东巴纸牌画

外形尺寸：53厘米×36厘米（一套三幅）

绘制年代：清代

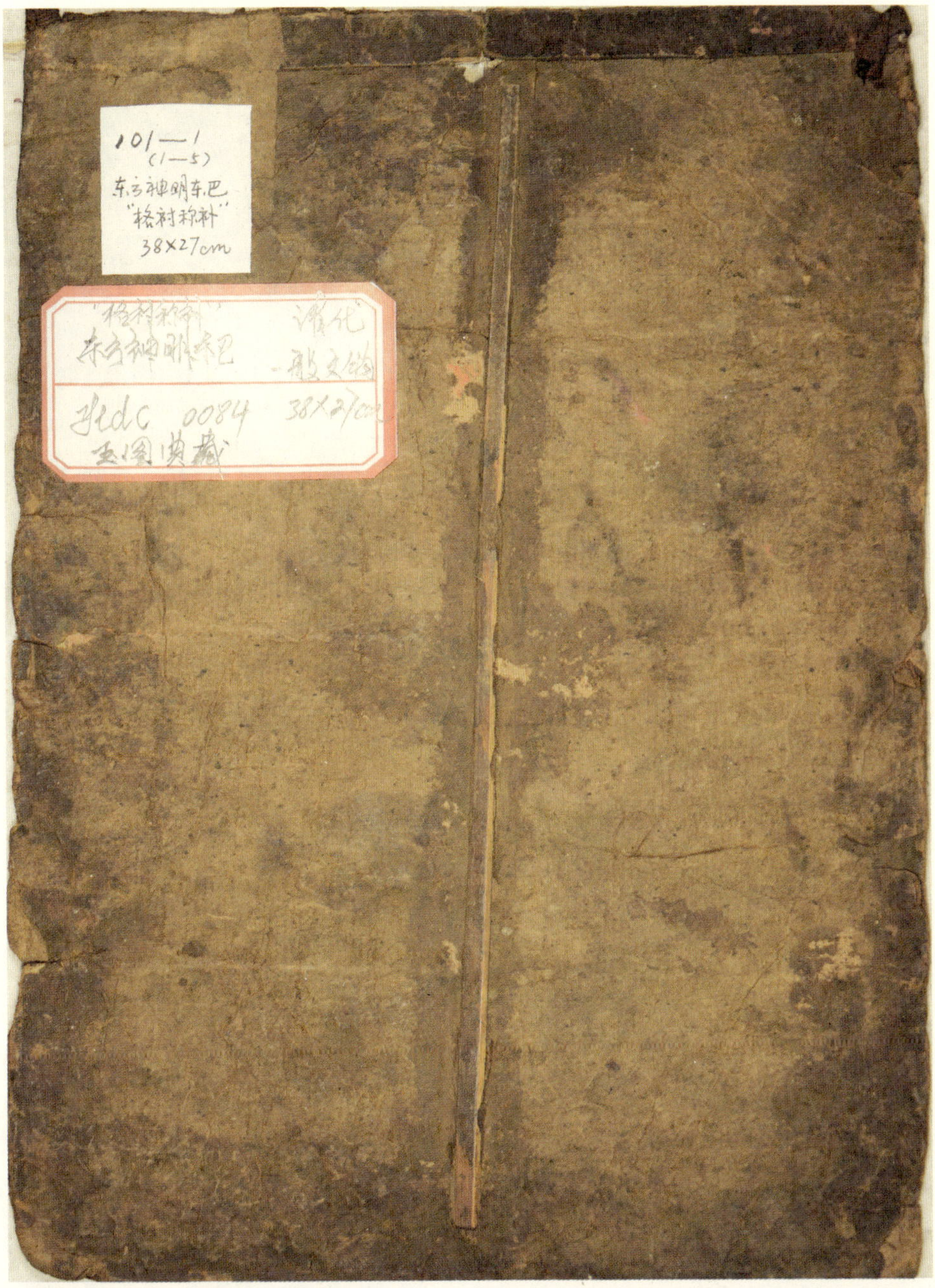

东方神明"格衬称补"纸牌画

外形尺寸：38厘米×27厘米

绘制年代：清代

拉姆女神纸牌画

外形尺寸：27厘米×13厘米（一套九幅）

绘制年代：清代

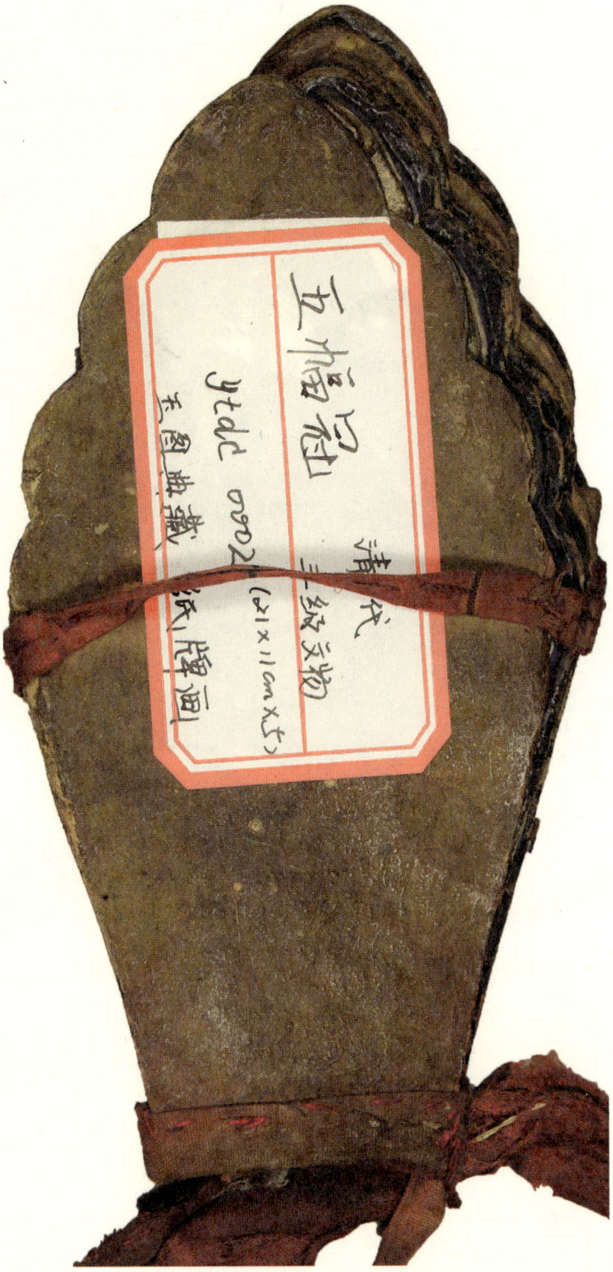

五幅冠

外形尺寸：21厘米×11厘米×5厘米

绘制年代：清代

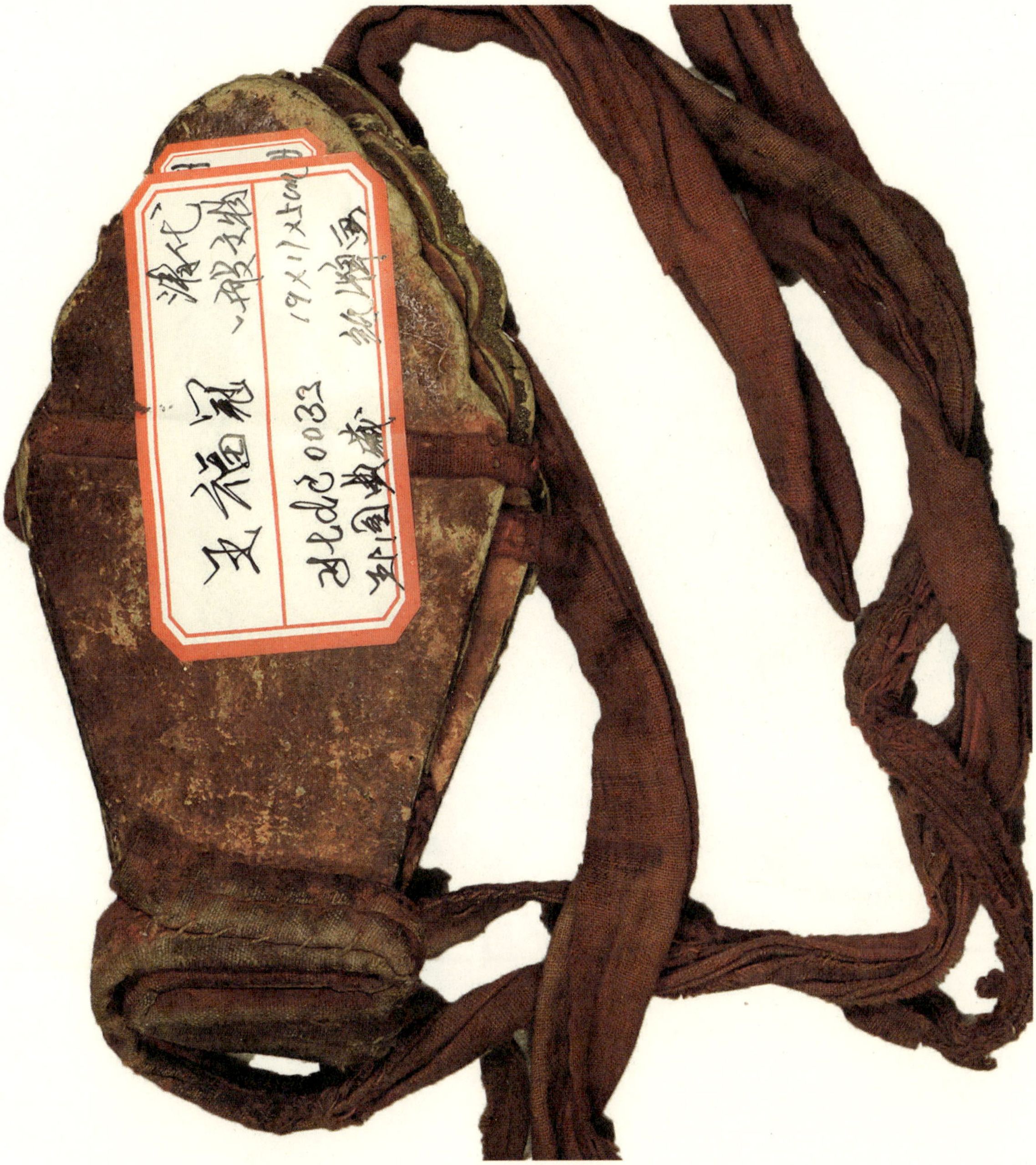

五幅冠

外形尺寸：19厘米 × 17厘米 × 5厘米

绘制年代：清代

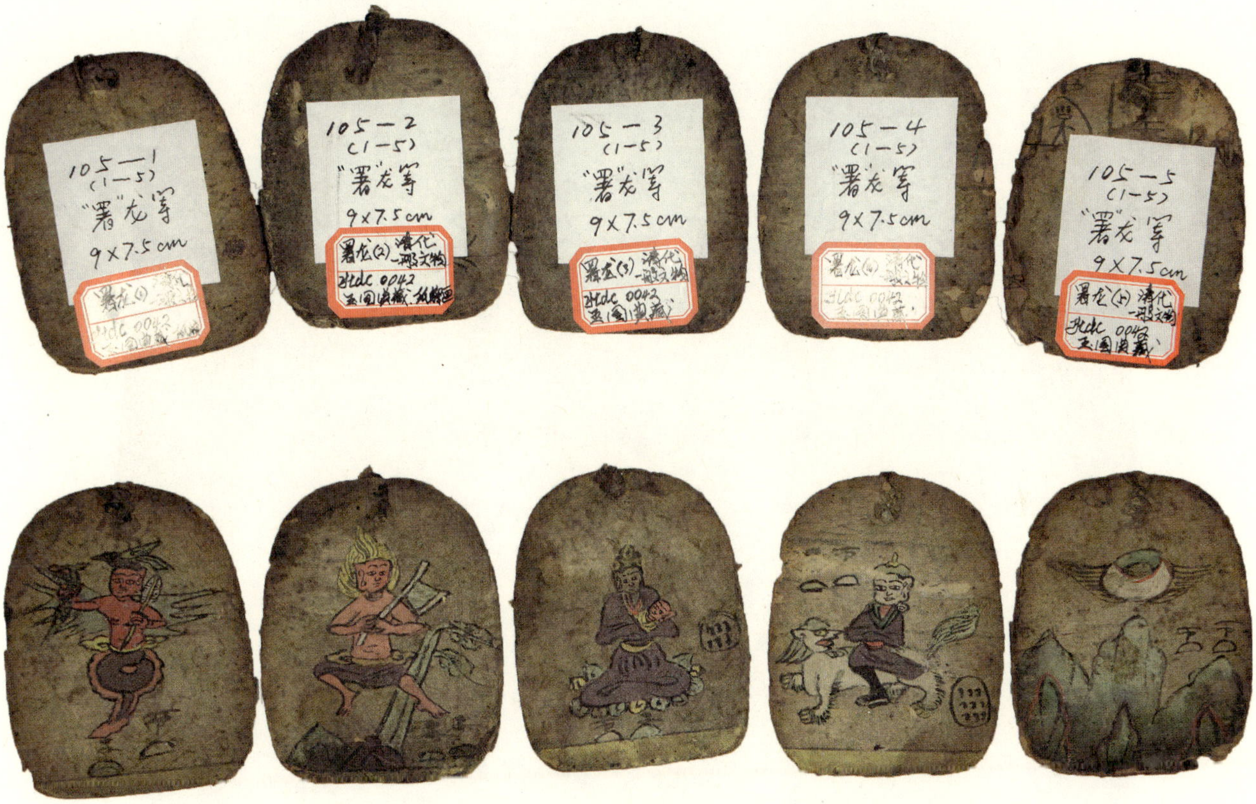

占卜·抽绳纸牌画

外形尺寸：9厘米×7.5厘米（一套五幅）

绘制年代：清代

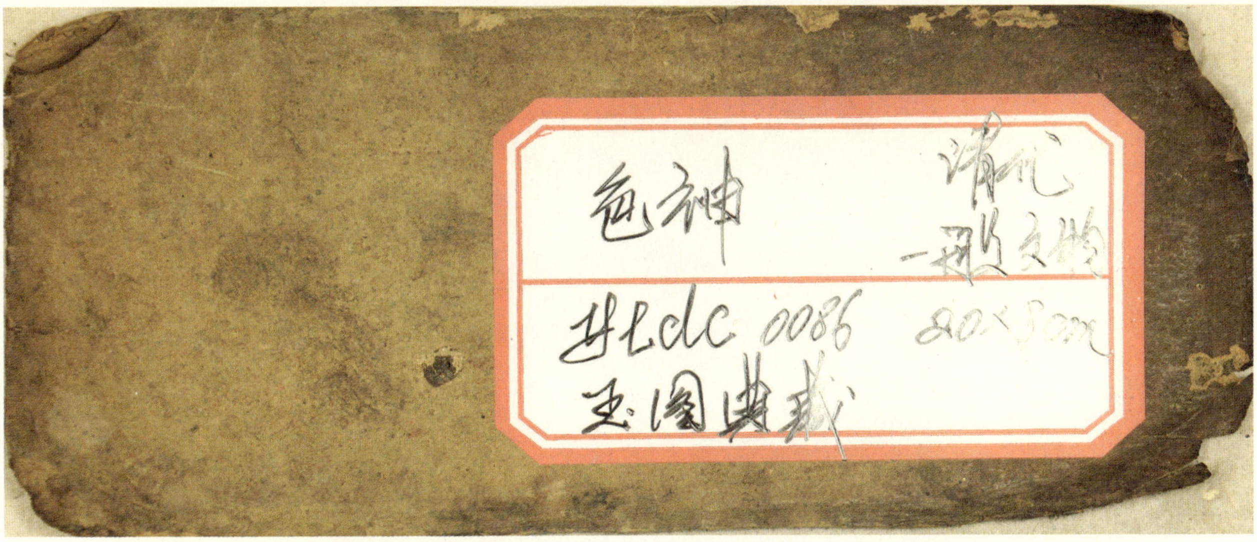

沈神纸牌画

外形尺寸：20厘米×80厘米（一幅）

绘制年代：清代

神器

图书在版编目（CIP）数据

云南少数民族古籍珍本集成. 第56卷 / 云南省少数民族古籍整理出版规划办公室编. -- 昆明：云南人民出版社,2017.11

ISBN 978-7-222-16649-3

Ⅰ.①云… Ⅱ.①云… Ⅲ.①少数民族—古籍—善本—汇编—云南 Ⅳ.①K280.74

中国版本图书馆CIP数据核字（2017）第285814号

出 品 人：赵石定
组稿编辑：张平慧
责任编辑：金学丽
封面设计：向　炜
排版编辑：陶汝昌
责任校对：任　娜
责任印制：代隆参

书　名：云南少数民族古籍珍本集成　第56卷
作　者：云南省少数民族古籍整理出版规划办公室　编
出　版：云南出版集团公司　云南人民出版社
发　行：云南人民出版社
社　址：昆明市环城西路609号
邮　编：650034
网　址：www. ynpph. com.cn
E-mail：ynrms@sina.com
开　本：889 × 1194　1/16
印　张：21.125
版　次：2017年11月第1版第1次印刷
印　刷：昆明富新春彩色印务有限公司
书　号：ISBN 978-7-222-16649-3
定　价：580.00元